混ぜるだけ
サラダと
さっと煮るだけ
スープ

河井美歩

主婦と生活社

はじめに

献立に「あったらいいな」と思える
野菜の料理を集めたのがこの本です。
主菜の横で彩りを添えて、栄養のバランスを整えてくれる、
ささやかながらも気の利いた一品。
それはサラダでもスープでも構いませんよね。
冷蔵庫の中と相談しながら、どうぞ好きなものを作ってください。

実は野菜ってそんなに手間をかけなくてもいいんです。
さっと焼くだけ、さっと煮るだけで、
トマト、ピーマン、ブロッコリーなどは、
甘みとうまみが凝縮されて、驚くほどおいしくなります。
生で食べられるものも存外に多く、
たとえばにらや青梗菜、マッシュルームなどは、
5分もあればおいしいサラダに仕立てられます。

だから本書ではおもにざっと混ぜるだけで作れるサラダと、
10〜20分煮るだけでできるスープをご紹介しています。
まれに野菜を加熱するホットサラダなどもありますが、
すべてのレシピにおいて、大きな手間は発生せずに、
しかも誰でもおいしく作れるよう工夫を凝らしました。

これまで私が作ってきたのは、
素材そのものの味を生かすシンプルなイタリアの料理や、
生野菜の香りと味を楽しむタイやベトナムの料理でした。
この本のレシピの大半はそうした発想のもとに
組み立てられていますが、日本の家庭料理とも相性がよく、
献立に取り入れやすいかと思います。

私は田舎育ちでしたから、

野菜はいつも身近な存在でしたし、大好きでした。

春、つくしを採りに出かけた野原の草のにおい。

夏、もぎたてのきゅうりをほお張ったときのチクチクとする触感。

秋、ストーブでさつまいもを焼いていると漂う香ばしい香り。

冬、大根をゆでるときの、むせかえるほどの湯気。

旬の野菜と思い出とが、私の記憶の中で強くリンクしています。

野菜をもっと気軽に楽しんでほしいと、この本を作りました。

みなさんの家のキッチンの片隅に在って、

「なに作ろうかな」というときに

さっと引いてもらえるような本になれたら、とてもうれしいです。

河井美歩

もくじ

はじめに ……………………………… 2

この本の決まり …………………… 8

材料について ……………………… 9

おいしいサラダを作るために … 10

基本のサラダ ……………………11

おいしいスープを作るために … 12

基本のスープ ………………… 13

アボカド

アボカドとささ身のわさびあえ ……… 14

アボカドとえびのホットサラダ ……… 14

くずしアボカドのスープ ………… 15

オクラ

焼きオクラときのこのサラダ ……… 16

オクラとたこのキムチサラダ ……… 16

オクラともずくのスープ …………17

かぶ

かぶとほたてのマリネ …………… 18

かぶのグリルサラダ …………… 18

かぶのまるごとサラダ …………… 18

くずしかぶのスープ ……………… 20

かぶと鶏手羽の塩スープ ………… 21

かぼちゃ

かぼちゃのガーリックホットサラダ … 22

マッシュドかぼちゃサラダ ………… 22

かぼちゃとベーコンの
カレーシチュー ………………… 23

カリフラワー

カリフラワーの
チーズホットサラダ ………………24

マッシュドカリフラワーサラダ ……25

カリフラワーのシンプルスープ ……26

カリフラワーともちの
とろとろスープ ……………………27

きのこ

きのこのアンチョビーマリネ ………… 28

マッシュルームのサラダ …………… 29

焼きまいたけのサラダ …………… 29

きのことあさりのミルクスープ …… 30

たっぷりきのこの和風スープ …… 30

なめこと納豆のチゲ ………… 31

キャベツ

キャベツのアンチョビーサラダ ……… 32

和風コールスロー ………………… 32

キャベツとりんごの
しゃきしゃきサラダ ……………… 32

キャベツと半熟卵のだしスープ …… 34

焼きキャベツのシンプルスープ …… 35

きゅうり

きゅうりの台湾風サラダ …………… 36

きゅうりのシンプルサラダ ………… 36

きゅうり、ささ身、
ザーサイのナムル ……………… 36

きゅうりとみょうがの冷や汁 ……… 38

きゅうりとミントの
ヨーグルトスープ ……………… 39

ゴーヤー

ゴーヤーと
クリームチーズのサラダ ………… 40

ゴーヤーとくずし豆腐の
和風サラダ ……………… 40

ゴーヤーの肉詰めスープ ………… 41

ごぼう

ごぼうとキャベツの
ごまマヨサラダ …………… 42

ごぼうと鶏肉のスープ ………… 43

小松菜

小松菜のオイスターマヨナムル … 44

小松菜とトマトの
オリーブしょうゆマリネ ………… 44

小松菜と肉だんごの
中華風スープ ……………… 45

さつまいも

焼きいもと
クリームチーズのサラダ ………… 46

焼きいもとベーコンの
マスタードサラダ ……………… 46

さつまいもとしょうがの
和風スープ ……………… 47

さやいんげん

さやいんげんとハムのサラダ ……… 48

さやいんげんの
中華風コーンスープ ……………… 49

じゃがいも

じゃがいもとハムのサラダ ………… 50

じゃがいもとたこのサラダ ………… 51

じゃがいものわさびサラダ ………… 52

簡単マッシュポテト ……………… 52

じゃがいもの担担風スープ ………… 54

くずしじゃがいもとベーコンの
ミルクスープ ……………… 55

香菜
シャンツァイ

香菜のシンプルサラダ ・・・・・・・・・・・・・・56

香菜と目玉焼きのタイ風サラダ ・・・・・・56

香菜と鶏手羽のタイ風スープ ・・・・・・・57

ズッキーニ

ナンプラー風味の焼きズッキーニ ・・・58

ズッキーニのパスタサラダ ・・・・・・・・・・58

ズッキーニと
サラダチキンのスープ ・・・・・・・・・・・・・・59

セロリ

セロリの中華風サラダ ・・・・・・・・・・・・・60

セロリとささ身の
ヨーグルトマヨサラダ ・・・・・・・・・・・・・・60

セロリと鶏ひき肉のレモンスープ ・・・61

大根

大根とかにかまのサラダ ・・・・・・・・・・・・62

大根おろしと厚揚げのサラダ ・・・・・・・62

なます風サラダ ・・・・・・・・・・・・・・・・・・・・62

簡単参鶏湯 ・・・・・・・・・・・・・・・・・・・・・・・・64
サム ゲ タン

大根とほたてのスープ ・・・・・・・・・・・・・65

玉ねぎ

玉ねぎと生ハムのサラダ ・・・・・・・・・・・・66

玉ねぎとさばの南蛮サラダ ・・・・・・・・・66

ツナ入りオニオンサラダ ・・・・・・・・・・・・66

まるごと玉ねぎのスープ ・・・・・・・・・・・・68

簡単オニオングラタンスープ ・・・・・・・69

青梗菜
チンゲンサイ

青梗菜のナムル ・・・・・・・・・・・・・・・・・・・・70

青梗菜としらすの和風サラダ ・・・・・・・70

たっぷり青梗菜の
中華風かき玉汁 ・・・・・・・・・・・・・・・・・・・・71

豆腐

豆腐と玉ねぎのタイ風サラダ ・・・・・・・72

豆腐、じゃこ、わかめのサラダ ・・・・・・73

豆腐と明太子のとろみスープ ・・・・・・・74

豆腐の中華風スープ ・・・・・・・・・・・・・・・・75

豆苗

豆苗と油揚げの
レモンしょうゆサラダ ・・・・・・・・・・・・・・76

豆苗のチョレギサラダ ・・・・・・・・・・・・・76

豆苗と春雨の黒酢スープ ・・・・・・・・・・・77

とうもろこし

とうもろこしのラープ ・・・・・・・・・・・・・・78

とうもろこしのシンプルサラダ ・・・・・78

コーンチャウダー ・・・・・・・・・・・・・・・・・・79

トマト

トマトのジンジャーサラダ ・・・・・・・・・・80

簡単パンツァネッラ ・・・・・・・・・・・・・・・・80

焼きトマトのシンプルサラダ ・・・・・・・80

焼きトマトのスープ ・・・・・・・・・・・・・・・・82

まるごとトマトのスープ ・・・・・・・・・・・・83

長いも

せん切り長いもと水菜のサラダ ······ 84

長いもとまぐろの
イタリア風タルタル ················ 84

長いものかき玉汁 ················· 85

長ねぎ

長ねぎとザーサイのサラダ ·········· 86

焼き長ねぎのマリネ ················ 86

長ねぎと梅おかかの即席スープ ······ 88

長ねぎの塩スープ ················· 89

なす

蒸しなすのエスニック風サラダ ······ 90

なすのおろしサラダ ··············· 90

なすとささ身のわさびマリネ ········ 92

なすとカマンベールのトマトスープ ·· 93

にら

にらとトマトのごまサラダ ·········· 94

にらとくずし豆腐のレモンサラダ ···· 94

にらとひき肉の中華風スープ ········ 95

にんじん

にんじんのナムル ················· 96

薄切りにんじんのラペ ·············· 96

グリルにんじんのサラダ ············ 96

すりおろしにんじんの
ジンジャースープ ················ 98

にんじんのポトフ ················· 99

白菜

白菜とりんごのコールスロー ········ 100

ちぎり白菜とツナのサラダ ·········· 100

白菜のザワークラウト風 ············ 101

白菜とじゃこの
ペペロンチーノ風サラダ ·········· 101

白菜とベーコンのとろとろスープ ···· 102

白菜と豚バラの重ね煮スープ ······ 103

パプリカ

パプリカのゆずこしょうマリネ ······ 104

パプリカの
はちみつレモンマリネ ············· 104

パプリカと牛肉の韓国風スープ ······ 105

ピーマン

せん切りピーマンと
夏の薬味サラダ ················· 106

まるごとピーマンのグリル ·········· 106

ピーマンと豚肉のスープ ············ 107

ブロッコリー

ブロッコリーとゆで卵のサラダ ······ 108

ブロッコリーのわさび白あえ ········ 108

ブロッコリーと厚揚げの
ホットサラダ ···················· 108

くずしブロッコリーのスープ ········ 110

ブロッコリーとたらのスープ ········ 111

ほうれん草

ほうれん草とハムのサラダ ………… 112

ほうれん草と油揚げの
みぞれサラダ …………………… 112

ほうれん草と鮭の
みそバタースープ ……………… 113

水菜

水菜の生ハム巻き ……………… 114

水菜と黒ごまの香り油サラダ ……… 114

水菜と塩昆布の即席スープ ……… 115

もやし

もやしと鶏胸肉のごまサラダ ……… 116

もやしのピリ辛ナムル …………… 116

豆もやしの豆乳スープ …………… 117

レタス

シーザーサラダ ………………… 118

レタスとレモンのサラダ ………… 118

レタスのラープ風サラダ ………… 118

レタスのそばサラダ …………… 120

ちぎりレタスと春雨の
中華風スープ …………………… 121

れんこん

れんこんの明太マヨサラダ ……… 122

れんこんの酸辣湯 ……………… 123

その他

[ミックスビーンズ]

ミックスビーンズの
イタリアンサラダ ………………… 124

ミックスビーンズとパスタのスープ ····· 125

[切り干し大根]

切り干し大根のサラダ …………… 126

切り干し大根の台湾風スープ ……… 127

この本の決まり

・材料は2人分です。

・材料の分量は正味量です。野菜やきのこは、皮や種、石づきなど、通常は不要とされる部分を取り除いてから計量、調理してください。皮をつけたまま使用する場合は明記してあります。

・レモンはポストハーベスト農薬不使用のものを使ってください。

・電子レンジは600Wのものを使用しています。W数に応じて加熱時間を調整してください。

・フライパンはフッ素樹脂加工のものを使用しています。

・大さじ1は15ml、小さじ1は5ml、1つまみは指3本でつまんだくらいの量です。

酢

米の甘みとうまみが生きていて、まろやかな味わいの米酢を使用。穀物酢は酸味が強く、味が変わってしまいます。リーズナブルなもので構いませんので米酢をおすすめします。

レモン果汁

酢より香りがやわらかく、さわやかでフレッシュな酸味。生のレモンを使うのがベターですが、市販のレモン果汁でも十分においしく作れます。

オリーブオイル

本書では料理の和・洋を問わず、エクストラバージンオリーブオイルを使用しています。オリーブオイルと和の素材の相性は抜群。くせがないお気に入りのものを見つけてください。炒める際、フライパンで先にオリーブオイルだけ加熱する必要はありません。食材といっしょに加熱したほうが、香りや風味が残るのです。

ごま油

中華風・エスニックのメニューにうまみとこく、香りを足します。低圧搾製法で作られたごま油は香ばしさが抜群です。

塩

ミネラルをたっぷり含む粗塩を使用しています。ほのかな甘みとうまみが特徴。精製塩だと異なる仕上がりになる可能性があります。

鶏がらスープの素（顆粒）

手軽にうまみをつけたいときに少量使用。素材の味を邪魔せず、こくと深みをプラスします。

洋風スープの素（固形）

洋風スープを手軽に仕上げたい場合に少量使います。メーカーにより味が違うので、素材の味を損なわない程度に、味をみながら加えてください。顆粒の場合は、固形1個＝約小さじ2が目安です。

サラダ作りには「最低限ここだけは守ればおいしくなる」というこつがあります。
この3点を常に心がけてください。

おいしいサラダを作るために

水けはしっかりときる

サラダが水っぽくならないよう、水けはしっかりときること。サラダスピナーを使用したり、ペーパータオルや清潔なふきんでやさしく拭いたりして、余分な水けを取りましょう。

ドレッシングはあらかじめよく混ぜる

野菜をあえる前にドレッシングを混ぜましょう。オイルと酢は分離しやすいので、泡立て器やスプーンなどでよくなじませて。塩や砂糖が入る場合もしっかり溶かします。

やさしくあえる

野菜を加えたら、つぶさないように手や菜箸でふんわりとあえて。全体にドレッシングがなじめばOK。特に葉野菜はすぐにしんなりとするので、食べる直前にあえましょう。

基本のサラダ

[材料]

レタス…100g
A オリーブオイル… 大さじ2
　酢 (またはレモン果汁) … 小さじ2
　塩… 小さじ¼
　粗びき黒こしょう… 適量

1　レタスは食べやすい大きさにちぎっ
　て冷水に5分ほどさらし、水けを
　しっかりときる。

2　ボウルにAを入れて混ぜる。

3　レタスを加えてあえる。

※生食できる野菜ならこのドレッシングで
たいていおいしいサラダになる。困ったとき
にぜひお試しを。

※本書にはホットサラダのレシピもいくつ
か掲載。ポイントは表面にしっかりと焼き
色をつけること。食感は好みでよいが、しっ
かりと火を通したほうが、甘みが引き出
される。

スープ作りで先に野菜を炒めるのは、そのうまみや甘みを引き出すため。
そうしたほうが結果的には手間が減り、おいしく仕上がります。

おいしいスープを作るために

炒め油はあらかじめ
加熱しない

オリーブオイルやごま油など
の香りのある油は熱した鍋に
入れると急激に高温になり、
香りが飛んでしまいます。酸
化もしやすくなるので、火を
つける前に食材といっしょに
入れましょう。

甘みや香りの出る
野菜を先に炒める

玉ねぎやにんにくなどの野菜
をじっくり炒めることで甘み
やうまみ、香りが引き出され、
シンプルな味つけでも深みが
出ます。塩をふって炒めると
水分が出やすくなり、炒め時
間の短縮に。

ふたをして
弱火で煮る

うまみや水分を逃がさないよ
う、ふたをして弱火でゆっくり
煮ましょう。最後に具材に火
が通っているかを確認し、味
が薄い場合は塩などで調え
れば完成です。

基本のスープ

[材料]

玉ねぎ … ¼個

ブロッコリー … 小½株（120g）

A 水 … 400㎖
└ 洋風スープの素（固形）… ½個

塩 … 小さじ¼ + 適量

オリーブオイル … 大さじ1

1 玉ねぎはみじん切りにする。ブロッコリーは小房に分ける。

2 鍋にオリーブオイルと玉ねぎを入れて塩小さじ¼をふり、弱火で炒める。しんなりとしたらブロッコリーを加えて炒め合わせる。

3 ブロッコリーに焼き色がついたらAを加えて中火で煮立て、ふたをして弱火で10分ほど煮る。塩適量で味を調える。

※「洋のみそ汁」感覚で気軽に作れるスープ。野菜はたいていのものが合うので、困ったときはこれ。

アボカド

アボカドとささ身のわさびあえ

[材料]

アボカド…1個
鶏ささ身…2本
A 酒…大さじ1
└ 塩…2つまみ
B マヨネーズ…大さじ2
├ しょうゆ…小さじ1
├ 練りわさび…小さじ½
└ 粗びき黒こしょう…少々

1 ささ身は耐熱皿にのせ、Aをふって全体にまぶし、ふんわりとラップをして電子レンジで2分30秒〜3分加熱する。そのままおいて粗熱がとれたら食べやすい大きさに裂き、筋は取り除く。

2 アボカドはひと口大に切る。

3 ボウルにBを入れて混ぜ、ささ身とアボカドを加えてやさしくあえる。

※練りわさびは半量のゆずこしょうで代用可。

アボカドとえびのホットサラダ

[材料]

アボカド…1個
無頭えび…10尾
にんにく…1かけ
好みで香菜…適量
A 酒…大さじ1
└ ナンプラー…小さじ2
粗びき黒こしょう…適量
オリーブオイル…大さじ1

1 アボカドは2cm角に切る。えびは殻をむいて背わたを取り、2〜3等分に切ってAをからめる。にんにくはみじん切りにする。

2 フライパンにオリーブオイルとにんにくを入れて弱火で熱し、香りが立ったらえびを調味料ごと加えて中火で炒める。えびの色が変わったらアボカドを加えて軽く炒め合わせ、粗びき黒こしょうをふる。

3 器に盛り、香菜を添える。

くずしアボカドのスープ

[材料]

アボカド…1個
玉ねぎ…½個
A 水…100㎖
 └ 洋風スープの素（固形）…½個
牛乳…150㎖
塩…小さじ¼＋適量
粗びき黒こしょう…適量
オリーブオイル…大さじ1

1 アボカドはひと口大に切る。玉ねぎは薄切りにする。

2 鍋にオリーブオイルと玉ねぎを入れて塩小さじ¼をふり、弱火で炒める。透き通ってきたらアボカドを加え、さっと炒め合わせる。

3 Aを加えて中火で煮立て、ふたをして弱火で10分ほど煮る。フォークの背（または泡立て器）でアボカドをつぶし、牛乳を加えて温め、塩適量と粗びき黒こしょうで味を調える。

アボカド　旬 通年

「森のバター」といわれるほど栄養価が高く、コレステロールを減らす働きがある不飽和脂肪酸をはじめ、ビタミン、ミネラル、食物繊維などが豊富。身が硬い場合は常温で追熟させて。

オクラ

焼きオクラときのこのサラダ

[材料]
オクラ…10本
しいたけ…3枚
まいたけ…½パック(50g)
A しょうが(すりおろし)
 …½かけ分
 しょうゆ…小さじ2
ごま油…大さじ1

1 オクラは洗って水けをきり、縦半分に切る。しいたけは4等分に切る。まいたけは大まかに裂く。

2 Aは混ぜ合わせる。

3 フライパンにごま油を入れて1を並べ、それぞれ両面を中火で焼く。焼き色がついたらAを加え、やさしく混ぜる。

※しょうがは好みでOK。ごま油の代わりにバターで焼いてもおいしい。

オクラとたこのキムチサラダ

[材料]
オクラ…10本
ゆでだこの足(刺身用)…100g
白菜キムチ…70g
ごま油…小さじ2

1 オクラは熱湯で1分ほどゆでてざるに上げ、水けをきって3等分の斜め切りにする。たこは厚さ3mmのそぎ切りにする。キムチは大きいものは幅1cmに切る。

2 ボウルにキムチとごま油を入れて混ぜ、オクラとたこを加えてあえる。

※オクラの下処理で使う塩(右ページ参照)は洗い落とさずにゆでてよい。

オクラともずくのスープ

[材料]

オクラ…10本
もずく（味つき）…50g
Aだし汁…400㎖
└ しょうが（せん切り）…½かけ分
　酒…大さじ1
　しょうゆ…大さじ½
└ 塩…小さじ⅓

1 オクラは洗って水けをきり、小口切りにする。

2 鍋にAを入れて中火で煮立て、オクラともずくを加えて弱火で1分ほど煮る。

オクラ 旬 7〜9月

がくをむき、塩適量（分量外）をふって転がし、うぶ毛を取ってから調理する。こうすることで口あたりがよくなる。独特のねばねばは食物繊維のペクチンなどによるもの。整腸作用があり、コレステロールを下げる働きも。

かぶ

かぶとほたてのマリネ

[材料]

かぶ…2個（200g）
ほたて貝柱（刺身用）…5個
A レモン果汁…½個分
　 オリーブオイル…大さじ2
　 塩…少々
塩…小さじ¼

1　かぶは皮をむいて厚さ2mmの輪切りにし、塩を全体にまぶして10分ほどおく。水分が出てきたら水けをしっかりと絞る。ほたては厚さ5mmに切る。

2　ボウルにAを入れて混ぜ、1を加えてあえる。

かぶのグリルサラダ

[材料]

かぶ（茎が1cmほどついているもの）
　　…2個（200g）
塩…小さじ⅓＋少々
オリーブオイル…大さじ2

1　かぶは皮つきのまま4等分のくし形切りにする。

2　フライパンにオリーブオイルとかぶを入れて塩小さじ⅓をふり、弱めの中火で焼く。焼き色がついたら裏返し、弱火にしてさらに焼く。火が通ったら塩少々をふる。

かぶのまるごとサラダ

[材料]

かぶ…2個（200g）
かぶの葉…2個分（100g）
A オリーブオイル…大さじ1
　 レモン果汁…小さじ2
　 塩…小さじ⅓

1　かぶは皮をむいて厚さ3mmの半月切り（大きいものはいちょう切り）にする。かぶの葉は長さ5mmに切る。

2　ボウルに1を入れ、Aを順に加えてそのつど混ぜる。

かぶ　旬 3〜5月　10〜12月

基本的には皮をむくが、じっくり火を通す場合は皮つきのままでもおいしい。茎の根元の汚れが取れないときは水にさらすとよい。根には消化酵素のジアスターゼが含まれているので胃腸の働きを助ける効果あり。葉にはβ-カロテンやビタミンCが豊富。

くずしかぶのスープ

[材料]

かぶ…3個（300g）
かぶの葉…3本
A 水…200㎖
　洋風スープの素（固形）…½個
　塩…小さじ¼
牛乳…150㎖

1 かぶは皮をむき、半量はすりおろ
し、残りは1㎝角に切る。かぶの葉
は長さ5㎜に切る。

2 鍋にAを入れて中火で煮立て、1
を加えてふたをし、弱火で5分ほ
ど煮る。かぶがやわらかくなった
ら、牛乳を加えて温める。

かぶと鶏手羽の塩スープ

[材料]

かぶ（茎が2cmほどついているもの）
… 2個（200g）
鶏手羽先 … 2本
A 水 … 400ml
　しょうが（薄切り）… ½かけ分
　酒 … 大さじ1
　塩 … 小さじ⅓
サラダ油（またはごま油）… 小さじ2

1 かぶは皮つきのまま縦半分に切る。

2 鍋にサラダ油を中火で熱し、手羽先を皮目から入れて両面を焼き、余分な脂が出てきたらペーパータオルで拭き取る。

3 手羽先に焼き色がついたらかぶとAを加える。煮立ったらあくを取り、ふたを少しずらしてのせて、かぶがやわらかくなるまで弱火で10分ほど煮る。

かぼちゃ

かぼちゃのガーリックホットサラダ

[材料]
かぼちゃ… 1/4個（300g）
にんにく… 2かけ
ローズマリー… 1本
塩… 小さじ1/4
オリーブオイル… 大さじ2

1 かぼちゃは厚さ2cmに切って耐熱ボウルに入れ、ふんわりとラップをして電子レンジで3分ほど加熱する。にんにくはみじん切りにする。

2 フライパンにオリーブオイル、にんにく、ローズマリーを入れて弱火で熱し、香りが立ったらかぼちゃと塩を加え、かぼちゃに焼き色がつくまで中火で炒める。

※ローズマリーの代わりにタイムでも合う。好みでベーコンやドライフルーツなどを加えても美味。

マッシュドかぼちゃサラダ

[材料]
かぼちゃ… 1/4個（300g）
A マヨネーズ… 大さじ2
  粒マスタード… 小さじ1
牛乳… 大さじ1〜
塩… 適量

1 かぼちゃはひと口大に切って耐熱ボウルに入れ、ふんわりとラップをして電子レンジで4分ほど加熱する。温かいうちにすりこ木（またはフォークの背）で粗くつぶす。

2 Aを加えて混ぜ、さらに牛乳を加えて好みの硬さにし、塩で味を調える。

※しっとりとした食感が好みの場合は、牛乳を増やして硬さを調節する。牛乳の代わりにプレーンヨーグルト（無糖）や豆乳（成分無調整）を使用しても構わない。食感のアクセントにナッツやレーズンを加えても。

かぼちゃとベーコンのカレーシチュー

[材料]

かぼちゃ … ¼個（300g）
ベーコン … 2枚
玉ねぎ … ¼個
にんにく … ½かけ
カレー粉 … 小さじ½
水 … 150㎖
生クリーム（または牛乳）… 50㎖
塩 … 小さじ⅓＋適量
粗びき黒こしょう … 適量
オリーブオイル … 大さじ1

1　かぼちゃは厚さ3㎜のいちょう切りにする。ベーコンは幅7㎜に切る。玉ねぎとにんにくはみじん切りにする。

2　鍋にオリーブオイルと玉ねぎを入れて塩小さじ⅓をふり、弱火で炒める。しんなりとしたらベーコンとにんにくを加えて炒め合わせ、ベーコンの色が変わったらカレー粉、かぼちゃの順に加え、そのつどさっと炒め合わせる。

3　水を加えて中火で煮立て、ふたをして弱火で10分ほど煮る。生クリームを加えて煮立たせないように温め、塩適量と粗びき黒こしょうで味を調える。

※カレー粉の量は好みで増減してもよい。

かぼちゃ 　旬 6〜9月

免疫力を高めるβ-カロテン、抗酸化作用のあるビタミンC、Eを多く含む栄養価の高い野菜。皮にも栄養があるのでむかずに食べるのがおすすめ。わたと種はスプーンで取り除いて。

カリフラワー

[材料]

カリフラワー … ½株（250g）
にんにく…1かけ
粉チーズ … 大さじ3
塩 … 小さじ⅓
オリーブオイル … 大さじ2

1 カリフラワーは小房に分ける。にんにくはつぶす。

2 フライパンにオリーブオイルと1を入れて塩をふり、中火で焼く。カリフラワーに焼き色がついたら裏返し、水大さじ2（分量外）を加えてふたをし、弱火で10分ほど蒸し焼きにする。

3 全体に火が通ったら中火にし、粉チーズを全体にふって混ぜ、こんがりと焼き色をつける。

カリフラワーの
チーズホットサラダ

マッシュド カリフラワーサラダ

[材料]

カリフラワー … ½株 (250g)
A 水 … 50㎖
 ┌ にんにく … ½かけ
 └ 塩 … 小さじ¼
塩 … 適量
オリーブオイル
　　 … 大さじ1と½〜

1　カリフラワーは小房に分ける。

2　鍋にカリフラワーとAを入れ、ふたをして中火で煮立て、弱火にして15分ほど蒸し煮にする。カリフラワーがくたくたになったら火を止め、粗熱をとる。

3　オリーブオイルを加え、すりこ木（またはフォークの背）で細かくつぶし、塩で味を調える。

※蒸し煮にしたあと、水分が多い場合は飛ばす。すりこ木の代わりにハンドブレンダーで攪拌するとよりなめらかな食感に。オリーブオイルの量は好みで調節する。オリーブオイルの代わりに生クリームや粉チーズ、サワークリームで作っても合う。

カリフラワー　旬 11〜3月

ブロッコリーの突然変異で生まれたといわれている、つぼみを食べる花野菜。つぼみが密集しているものがおいしい。加熱しても損失しにくいビタミンCが多く、老化防止や美肌作りにも効果的。

カリフラワーのシンプルスープ

[材料]

カリフラワー … ½株（250g）

好みで粉チーズ … 適量

A 水 … 400㎖

　昆布 … 5㎝四方1枚

　にんにく … ½かけ

　オリーブオイル … 大さじ½

　塩 … 小さじ¼

塩 … 適量

1 カリフラワーは小房に分ける。

2 鍋にカリフラワーとAを入れて中火で煮立て、ふたをして弱火で20分ほど煮る。

3 昆布を取り出して塩で味を調え、器に盛って粉チーズをふる。

カリフラワーともちのとろとろスープ

[材料]

カリフラワー … ½株（250g）
玉ねぎ … ¼個
切りもち … 2個
だし汁 … 400㎖
塩 … 小さじ⅓＋適量
オリーブオイル … 大さじ1

1 カリフラワーは小房に分ける。玉ねぎはみじん切りにする。もちは2㎝角に切る。

2 鍋にオリーブオイルと玉ねぎを入れて塩小さじ⅓をふり、弱火で炒める。透き通ったらカリフラワーとだし汁を加えて中火で煮立て、ふたをして弱火で10分ほど煮る。

3 もちを加えて再びふたをし、5分ほど煮て塩適量で味を調える。

きのこのアンチョビーマリネ

[材料]

好みのきのこ … 合計300g

A アンチョビー（フィレ・みじん切り）
 … 3枚分
　あればイタリアンパセリ（粗みじん切り）
 … 適量
　オリーブオイル … 大さじ1と½
　しょうゆ … 小さじ½

白ワイン（または酒）… 大さじ1

塩 … 適量

粗びき黒こしょう … 適量

1 きのこは食べやすい大きさに切ったり、ほぐしたりする。耐熱ボウルに入れて白ワインをふり、ふんわりとラップをして電子レンジで3分～3分30加熱する。

2 きのこがしんなりとしたらAを加えてあえ、塩と粗びき黒こしょうで味を調える。

※きのこは好みのものを組み合わせて。1種類でもOK。

マッシュルームのサラダ

[材料]

マッシュルーム…100g
あればレモンの皮…適量
A オリーブオイル…大さじ2
├ レモン果汁…小さじ2
└ 塩…小さじ¼

1 マッシュルームは薄切りにする。

2 ボウルにマッシュルームを入れ、A を順に加えてそのつどあえる。器に盛り、レモンの皮をすりおろしながら散らす。

※マッシュルームは新鮮なものを。好みで粉チーズをふっても。ぶどう、柿、梨などのくだものを加えても相性がよい。

焼きまいたけのサラダ

[材料]

まいたけ…1パック(100g)
レモン果汁…小さじ2
塩…2つまみ
オリーブオイル…大さじ2

1 まいたけは大まかに裂く。

2 フライパンにオリーブオイルとまいたけを入れて塩をふり、両面に焼き色がつくまで中火で焼く。器に盛り、レモン果汁をかける。

きのことあさりのミルクスープ

[材料]

えのきたけ…1袋（100g）

しめじ…½パック（50g）

あさり（砂抜きしたもの）…120g

A 水…150㎖
└ 白ワイン（または酒）…大さじ2

B 牛乳…250㎖
└ 塩…小さじ⅓

塩…適量

オリーブオイル…大さじ1

1 えのきたけは食べやすい長さに切ってほぐす。しめじは小房に分ける。

2 鍋にオリーブオイルと1を入れ、中火でさっと炒める。全体に油が回ったらあさりとAを加え、煮立ったらふたをして弱火で4分ほど蒸し煮にする。

3 あさりの口が開いたらBを加えて温め、塩で味を調える。

※きのこは好みのものを2種類ほど合わせるとおいしい。好みでレモンの輪切りをのせて。

たっぷりきのこの和風スープ

[材料]

しいたけ…4枚

しめじ…½パック（50g）

あれば三つ葉…5本

A 水…400㎖
└ 昆布…5cm四方1枚

B 酒…大さじ1
┃ しょうゆ…小さじ½
└ 塩…小さじ⅓

1 しいたけは薄切りにする。しめじは小房に分ける。三つ葉は長さ5mmに切る。

2 鍋にAを入れて弱火で熱し、煮立つ直前に昆布を取り出す。B、しいたけ、しめじを加え、ふたをして5分ほど煮、器に盛って三つ葉を散らす。

なめこと納豆のチゲ

[材料]

なめこ…1袋 (100g)

豚バラ薄切り肉…100g

ひき割り納豆…1パック (40g)

にら…½束

A 水…400㎖
  にんにく (すりおろし) …½かけ分
  コチュジャン…20g
  鶏がらスープの素 (顆粒) …小さじ1
  しょうゆ…小さじ1

みそ…15g

ごま油…小さじ2

1 なめこはざるに入れ、さっと洗って水けをきる。豚肉は幅1㎝に切る。にらは長さ2㎝に切る。

2 鍋にごま油を中火で熱し、豚肉を炒める。色が変わったらAを加え、煮立ったらあくを取り、弱火にしてなめことにらを加え、ひと煮する。

3 みそを加えて溶き、納豆を加えて混ぜる。

キャベツのアンチョビーサラダ

[材料]

キャベツ…葉4枚（200g）
アンチョビー（フィレ）…3枚
レモンの皮（みじん切り）…適量
A オリーブオイル…大さじ3
　├ 水…大さじ2
　└ 塩…1つまみ

1 キャベツはひと口大にちぎる。アンチョビーは粗く刻む。

2 鍋に1とAを入れて中火で煮立て、ふたをして弱火で15分ほど蒸し煮にする。キャベツがやわらかくなったら器に盛り、レモンの皮を散らす。

※レモンの皮の代わりにレモン果汁小さじ½をかけてもよい。

和風コールスロー

[材料]

キャベツ…小¼個（250g）
にんじん…⅓本（50g）
A 白すりごま…大さじ1
　├ マヨネーズ…大さじ1
　├ オリーブオイル…大さじ1
　├ レモン果汁（または酢）…小さじ1
　├ 砂糖…小さじ½
　└ しょうゆ…小さじ½
　塩…小さじ½

1 キャベツとにんじんはスライサーでせん切りにし、合わせて塩をふり、10分ほどおいて水分が出てきたら水けをしっかりと絞る。

2 ボウルにAを入れて混ぜ、1を加えてあえる。

キャベツとりんごのしゃきしゃきサラダ

[材料]

キャベツ…⅙個（200g）
りんご…½個
A オリーブオイル…大さじ1と½
　├ レモン果汁…小さじ1
　└ 塩…小さじ⅓

1 キャベツとりんご（皮つき）はスライサーでせん切りにする。

2 ボウルに1を入れ、Aを順に加えてそのつどあえる。

キャベツ　旬 12〜5月　7〜8月

胃粘膜の修復を助けてくれるビタミンU、免疫力アップやかぜ予防に効果的なビタミンCが多く含まれている。3〜5月に出回る春キャベツは葉の巻きがゆるく、やわらかいのでサラダ向き。

キャベツと半熟卵のだしスープ

[材料]

キャベツ…葉2枚(100g)
ベーコン…3枚
卵…2個
Aだし汁…500㎖
└塩…小さじ¼
好みで粗びき黒こしょう…適量
オリーブオイル…大さじ1

1 キャベツはひと口大に切る。ベーコンは幅1cmに切る。

2 鍋にオリーブオイルとベーコンを入れて中火で焼き、脂が出てきたらキャベツを加えて軽く炒める。

3 Aを加え、煮立ったらふたをして弱火で10分ほど煮る。卵を1個ずつ静かに落とし入れ、再びふたをして3分ほど煮る。卵が半熟のうちに火を止め、粗びき黒こしょうをふる。

焼きキャベツの
シンプルスープ

[材料]

キャベツ … 1/6個（200g）

好みで粉チーズ … 適量

水 … 300㎖

塩 … 小さじ1/4 + 適量

粗びき黒こしょう … 適量

オリーブオイル … 大さじ1 + 大さじ1

1 キャベツは芯をつけたまま2等分のくし形切りにする。

2 鍋にオリーブオイル大さじ1とキャベツを入れて塩小さじ1/4をふり、中火で両面を焼く。

3 キャベツに焼き色がついたら水を加え、煮立ったらふたをして弱火で15分ほど煮る。塩適量で味を調え、器に盛ってオリーブオイル大さじ1、粗びき黒こしょう、粉チーズをかける。

きゅうり

きゅうりの台湾風サラダ

[材料]

きゅうり…2本
A にんにく（みじん切り）…1かけ分
　赤唐辛子（小口切り）…½本分
　ごま油…大さじ1
　酢…小さじ1
　しょうゆ…小さじ½
　砂糖…小さじ½
塩…小さじ½

1 きゅうりは長さを3等分に切ってポリ袋に入れ、めん棒などでたたいてひびを入れ、食べやすい大きさに裂く。塩を全体にふり、20分ほどおいて水けを絞る。

2 ボウルにAを入れて混ぜ、きゅうりを加えてあえる。

※赤唐辛子の量は好みで調節する。

きゅうりのシンプルサラダ

[材料]

きゅうり…2本
A オリーブオイル…大さじ1
　塩…小さじ½

1 きゅうりは塩適量（分量外）をふって全体をやさしくこすり、洗って塩を落とし、薄い輪切りにする。

2 ボウルにきゅうりを入れ、Aを順に加えてそのつどあえる。

※好みでレモン果汁やハーブ、削り節、いりごま、にんにくなどを加えてもおいしい。

きゅうり、ささ身、ザーサイのナムル

[材料]

きゅうり…2本
鶏ささ身…2本
味つきザーサイ…30g
A ごま油…大さじ1
　塩…小さじ¼
酒…大さじ1

1 ささ身は耐熱皿にのせて酒をふり、ふんわりとラップをして電子レンジで2分30秒〜3分加熱する。そのままおいて粗熱がとれたら食べやすい大きさに裂き、筋は取り除く。

2 きゅうりはピーラーで縦に細長い薄切りにする。ザーサイは幅5mmに切る。

3 ボウルにAを入れて混ぜ、ささ身と2を加えてあえる。

きゅうり 旬 6〜8月

約95％が水分。カリウムを含み、体内の余分なナトリウムの排出や、むくみの解消に効果がある。体を冷やす作用もあるのでとりすぎには気をつけて。

きゅうりとみょうがの冷や汁

[材料]

きゅうり…1本
木綿豆腐…½丁（200g）
みょうが…2個
青じそ…5枚
白すりごま…大さじ2
だし汁…100㎖＋300㎖
みそ…25g
塩…小さじ¼

1　豆腐はペーパータオルで包んでざるにのせ、皿などをのせて重しをし、1時間ほどおいて水きりをして、粗くずす。

2　ボウルにみそとだし汁100㎖を入れ、溶き混ぜる。さらにだし汁300㎖、豆腐、すりごまを加えてよく混ぜ、冷蔵室で冷やす。

3　きゅうりは薄い輪切りにし、塩をふって10分ほどおき、水分が出てきたら水けを絞る。みょうがはせん切りにして水に10分ほどさらし、水けをきる。青じそはせん切りにする。

4　食べる直前に、2のボウルに3を加えて混ぜる。

※みそは味をみて量を調節する。好みで食べるときに酢をかけてもおいしい。

きゅうりとミントの ヨーグルトスープ

[材料]

きゅうり…1本

にんにく…少々

ミントの葉…10枚

A プレーンヨーグルト（無糖）

　　…150g

　水…100㎖

　レモン果汁…小さじ2

　塩…小さじ¼

オリーブオイル…適量

1 きゅうりとにんにくはすりおろす。ミントの葉は細かく刻む。

2 ボウルにA、きゅうり、にんにくを入れて混ぜ、冷蔵室で1時間以上冷やして味をなじませる。器に盛り、ミントの葉を散らして、オリーブオイルをかける。

ゴーヤー

ゴーヤーとクリームチーズのサラダ

[材料]

ゴーヤー … ½本 (100g)
玉ねぎ … ¼個
クリームチーズ … 50g
A 削り節 … 小1パック (1.5g)
└ しょうゆ … 小さじ1

1 ゴーヤーは縦半分に切ってから幅2mmに切り、塩小さじ½（分量外）をふってもみ、そのまま熱湯で1〜2分ゆでてざるに上げ、水けをきる。玉ねぎは繊維を断つように薄切りにして水に10分ほどさらし、水けをしっかりときる。クリームチーズは小さくちぎる。

2 ボウルに1とAを入れてあえる。

ゴーヤーとくずし豆腐の和風サラダ

[材料]

ゴーヤー … ½本 (100g)
木綿豆腐 … ½丁 (200g)
みょうが … 2個
しょうが … 1かけ
A 白いりごま … 大さじ1
  削り節 … 小1パック (1.5g)
  酢 … 大さじ1
  しょうゆ … 小さじ2
└ ごま油 … 大さじ½

1 豆腐はペーパータオルで包んでざるにのせ、皿などをのせて重しをし、1時間ほどおいて水きりをする。

2 ゴーヤーは縦半分に切ってから幅2mmに切り、塩小さじ½（分量外）をふってもみ、そのまま熱湯で1〜2分ゆでてざるに上げ、水けをきる。みょうがはせん切りにして水に10分ほどさらし、水けをきる。しょうがはせん切りにする。

3 ボウルにAを入れて混ぜる。2を加え、豆腐をくずしながら加えてやさしくあえる。

ゴーヤーの肉詰めスープ

[材料]

ゴーヤー … ½本 (100g)

豚ひき肉 … 50g

好みで香菜 … 適量

A にんにく (みじん切り) … ¼かけ分

　片栗粉 … 小さじ1

　塩 … 1つまみ

　粗びき黒こしょう … 少々

B 水 … 400㎖

　ナンプラー … 小さじ1と½

　鶏がらスープの素 (顆粒) … 小さじ1

塩 … 適量

粗びき黒こしょう … 適量

1 ゴーヤーは長さを4等分に切り、スプーンでわたと種をくり抜く。

2 ボウルにひき肉を入れて粘りが出るまで混ぜ、Aを加えて混ぜる。ゴーヤーに等分に詰める。

3 鍋にBを入れて中火で煮立て、2を加えてふたをし、弱火で10分ほど煮る。全体に火が通ったら塩で味を調える。器に盛り、香菜をのせて粗びき黒こしょうをふる。

~~~~~~

ゴーヤー　旬 6〜9月

別名にがうり。独特の苦みはモモルデシンという苦み成分で、血糖値の抑制や食欲を増進させるなどの働きがある。加熱に強いビタミンCも豊富。突起が密集していて色の濃いものがおいしい。薄く切る場合は縦半分に切ってからスプーンでわたと種を取り除いて。

ごぼう

[材料]

ごぼう…1本 (150g)

キャベツ…⅛個 (150g)

A 白すりごま…大さじ2
マヨネーズ…大さじ3
酢…大さじ1
砂糖…大さじ1
しょうゆ…小さじ½
塩…小さじ⅓

ごぼうとキャベツの ごまマヨサラダ

1 ごぼうはピーラーで薄いささがきにして水に5分ほどさらし、さらに熱湯で2分ほどゆでてざるに上げ、水けをきる。キャベツはせん切りにして塩をふり、10分ほどおいて水分が出てきたら水けをしっかりと絞る。

2 ボウルにAを入れて混ぜ、1を加えてあえる。

※好みで七味唐辛子をふっても合う。

ごぼう 　旬 11〜1月　4〜5月

豊富に含まれる食物繊維が便秘解消や整腸作用、肥満防止、血糖値の低下などに役立つ。皮に香りやうまみがあるので、むかずに包丁の背でこそげる程度がよい。

ごぼうと鶏肉のスープ

[材料]

ごぼう … ½本（75g）

鶏もも肉 … 120g

細ねぎ（小口切り） … 適量

A 水 … 400㎖

　酒 … 大さじ1

　塩 … 小さじ½

　しょうゆ … 小さじ¼

1　ごぼうはささがきにし、水に5分ほどさらして水けをきる。鶏肉はひと口大に切る。

2　鍋にAと1を入れて中火で煮立て、ふたを少しずらしてのせ、弱火で10分ほど煮る。全体に火が通ったら器に盛り、細ねぎを散らす。

小松菜

小松菜のオイスターマヨナムル

[材料]

小松菜…1束（200g）
切り干し大根…15g
A 白いりごま…大さじ1
　マヨネーズ…大さじ2
　オイスターソース…小さじ2
　しょうゆ…小さじ1

1 切り干し大根はたっぷりの水に10分ほどつけて戻し、水けを絞って食べやすい長さに切る。小松菜は長さ2cmに切る。

2 鍋に湯を沸かして塩少々（分量外）を入れ、小松菜の茎を30秒ほどゆでる。残りの小松菜と切り干し大根を加えてさらに30秒ほどゆで、ざるに上げてしっかりと水けをきり、粗熱をとる。

3 ボウルにAを入れて混ぜ、2を加えてあえる。

小松菜とトマトのオリーブしょうゆマリネ

[材料]

小松菜…½束（100g）
ハム…3枚
トマト…1個
A 白いりごま…小さじ2
　オリーブオイル…大さじ1
　しょうゆ…小さじ2
　塩…1つまみ

1 小松菜は長さ3cmに切って水に5分ほどさらし、水けをしっかりときる。ハムは半分に切ってから幅1cmに切る。トマトはひと口大に切る。

2 ボウルにAを入れて混ぜ、1を加えてあえる。

小松菜と肉だんごの中華風スープ

[材料]

小松菜 … ½束（100g）

A 豚ひき肉 … 75g

　長ねぎ（みじん切り）… ¼本分（25g）

　しょうがの絞り汁 … ¼かけ分

　水 … 大さじ1と½

　片栗粉 … 小さじ1

　塩 … 小さじ¼

B 水 … 500㎖

　酒 … 大さじ1

　しょうゆ … 小さじ2

　鶏がらスープの素（顆粒）… 小さじ1

　塩 … 少々

　こしょう … 少々

ごま油 … 小さじ½

1　小松菜は長さ3㎝に切る。

2　ボウルにAを入れ、しっかりと混ぜてひと口大に丸める。

3　鍋にBを入れて中火で煮立て、2を加える。再び煮立ったら小松菜を加え、ふたをして弱火で5分ほど煮る。

4　肉だんごに火が通ったら火を止め、ごま油を加える。

〜〜〜〜〜〜〜〜〜〜〜〜〜〜〜〜〜〜〜〜〜〜〜〜〜〜〜〜〜〜〜〜〜

小松菜　旬 12〜2月

意外にも生で食べられる。東京・小松川地域の特産だったことからこの呼び名に。カルシウムの含有量は野菜のなかでもトップクラス。鉄分、β-カロテン、ビタミンCも多く含み、栄養価が高い。

さつまいも

焼きいもとクリームチーズのサラダ

[材料]

焼きいも（市販）… 1本（230g）
玉ねぎ… 1/4個
クリームチーズ… 50g
くるみ（ロースト済み）… 20g
塩… 小さじ1/3

1 焼きいもは皮つきのまま2cm角に切る。玉ねぎはみじん切りにして水に10分ほどさらし、水けをしっかりと絞る。クリームチーズは2cm角に切る。くるみは粗く割る。

2 ボウルに焼きいもを入れてすりこ木（またはフォークの背）で粗くつぶす。玉ねぎ、クリームチーズ、くるみ、塩を加えてあえる。

焼きいもとベーコンのマスタードサラダ

[材料]

焼きいも（市販）… 1本（230g）
ベーコン… 3枚
玉ねぎ… 1/4個
A マヨネーズ… 大さじ3
　粒マスタード… 大さじ2
　酢… 大さじ1
　砂糖… 小さじ1
塩… 適量
好みで粗びき黒こしょう… 適量

1 焼きいもは皮つきのまま2cm角に切る。ベーコンは幅1cmに切る。玉ねぎは粗みじん切りにして水に10分ほどさらし、水けをしっかりと絞る。

2 フライパンにベーコンを入れ、弱火でカリカリになるまで焼く。

3 ボウルにAを入れて混ぜ、焼きいも、玉ねぎ、ベーコンを加えてあえ、塩で味を調える。器に盛り、粗びき黒こしょうをふる。

さつまいもとしょうがの和風スープ

[材料]

さつまいも … ½本 (110g)
しょうが … 1かけ
A だし汁 … 450㎖
　酒 … 大さじ1
　しょうゆ … 大さじ1
　塩 … 小さじ¼

1　さつまいもは皮つきのまま厚さ5㎜の半月切りにし、水に5分ほどさらして水けをきる。しょうがはせん切りにする。

2　鍋にAと1を入れて中火で煮立て、ふたをして、さつまいもがやわらかくなるまで弱火で5分ほど煮る。

※さつまいもが小さい場合は輪切り、大きい場合はいちょう切りにする。

さつまいも　　旬 9〜12月

いも類のなかでビタミンCの含有量が抜群。しかも、でんぷんに守られているので加熱しても壊れにくいのが特徴。老廃物の排出や便通を整える食物繊維も多く含む。焼きいもを自分で作る場合は、さつまいもを皮つきのまま洗い、水けをつけたままアルミホイルで包み、予熱していない160℃のオーブンで50分ほど焼く。

さやいんげん

さやいんげんとハムのサラダ

[材料]

さやいんげん…90g

ハム…3枚

玉ねぎ…¼個

A オリーブオイル…大さじ1と½

酢（またはレモン果汁）
…大さじ1と½

塩…少々

粗びき黒こしょう…少々

1 さやいんげんは塩少々（分量外）を
入れた熱湯で2～3分ゆでてざる
に上げ、粗熱がとれたら長さ3cmに
切る。ハムは半分に切ってから幅5
mmに切る。玉ねぎはみじん切りにし
て水に10分ほどさらし、水けをしっ
かりと絞る。

2 ボウルにAを入れて混ぜ、1を加え
てあえる。

※ツナ、ミニトマト、コーンなどを加えてもよい。

さやいんげん　旬 6～9月

最近のものは筋がほとんどないので、へたを切り落とせばOK。鮮度が落ちやすいので買ってきたらなるべく早く食べきるのがよい。

さやいんげんの中華風コーンスープ

[材料]

さやいんげん…90g
卵…1個
A 片栗粉…小さじ2
 └ 水…大さじ1
B クリームコーン缶…1缶（240g）
 │ 水…300㎖
 │ 鶏がらスープの素（顆粒）…小さじ1
 └ 塩…小さじ⅓

1 さやいんげんは長さ3㎝の斜め薄切りにする。卵は溶きほぐす。Aは溶き混ぜる。

2 鍋にBとさやいんげんを入れて中火で煮立て、ふたをして弱火で2〜3分煮る。Aをもう一度混ぜてから加えてひと煮立ちさせ、とろみがついたら溶き卵を流し入れて火を止める。

じゃがいもとハムのサラダ

[材料]

じゃがいも（できればメークイン）
…2個（250g）
ハム…3枚
玉ねぎ…¼個
きゅうり…½本
A マヨネーズ…大さじ2
酢…大さじ1
粒マスタード…小さじ2
塩…小さじ¼

1 じゃがいもはスライサーで細めの
せん切りにし、水に5分ほどさらす。
さらに熱湯で2分ほどゆでて水に
とって冷まし、ざるに上げて水けを
しっかりときる。ハムは半分に切っ
てから幅3mmに切る。玉ねぎは繊
維を断つように薄切りにして水に
10分ほどさらし、水けをしっかりと
きる。きゅうりはせん切りにする。

2 ボウルにAを入れて混ぜ、1を加
えてあえる。

※じゃがいもはメークインのほうがしゃき
しゃきとした食感が楽しめる。

じゃがいも 　旬 5〜7月　9〜11月

球状の男爵はほくほく、細長い卵形のメークインはねっとりしているのが特徴。免疫力を高め、肌の調子
を整えるビタミンCが豊富。切ったあと水にさらすのは変色を防ぐため。

じゃがいもとたこのサラダ

[材料]

じゃがいも…2個（250g）
ゆでだこの足（刺身用）…150g
イタリアンパセリ…3本
A オリーブオイル…大さじ2
 ┌ レモン果汁…小さじ2
 │ フレンチマスタード…小さじ1
 │ 塩…小さじ¼
 └ 粗びき黒こしょう…適量

1 じゃがいもは6等分に切り、水に5分ほどさらして水けをきる。たこは厚さ5mmのそぎ切りにする。イタリアンパセリは粗く刻む。

2 鍋にじゃがいも、かぶるくらいの水、塩1つまみ（分量外）を入れて中火で熱し、沸騰してから10分ほどゆでる。やわらかくなったら、たこを加えてさっとゆで、ざるに上げて水けをきる。鍋に戻して中火で熱し、余分な水分を飛ばす。

3 ボウルにAを入れて混ぜ、2とイタリアンパセリを加えてあえる。

※フレンチマスタードの代わりに同量の粒マスタードでも可。

じゃがいものわさびサラダ

[材料]
じゃがいも … 2個 (250g)
細ねぎ … 2本
A 水 … 50㎖
　みりん … 大さじ2
　しょうゆ … 大さじ1
　塩 … 1つまみ
練りわさび … 小さじ½〜1
サラダ油 … 小さじ2

1 じゃがいもは6等分に切り、水に5分ほどさらして水けをきる。細ねぎは小口切りにする。

2 フライパンにサラダ油とじゃがいもを入れ、中火で焼く。表面に焼き色がついたらAを加え、ふたをして弱火で10分ほど蒸し煮にする。じゃがいもがやわらかくなったら火を止め、そのまま粗熱をとる。

3 ボウルにじゃがいも、細ねぎ、わさびを入れてあえる。

※練りわさびの量は好みで調節する。ゆずこしょうで代用する場合は半量ほどにする。

簡単マッシュポテト

[材料]
じゃがいも … 2個 (250g)
生クリーム … 大さじ4
塩 … 少々
バター … 20g

1 じゃがいもは皮つきのまま1個ずつふんわりとラップで包み、耐熱皿にのせて電子レンジで4分ほど加熱する。やわらかくなったら、取り出してめん棒で軽くたたき、ラップをはずして皮をむく。

2 じゃがいもが熱いうちにボウルに入れ、バターを加えてゴムべらでつぶしながら混ぜる。生クリームを大さじ1ずつ加えてそのつど混ぜ、塩を加えて混ぜる。

※生クリームの量は好みの硬さに合わせて調節する。同量の牛乳や豆乳 (成分無調整) で作ってもよい。

じゃがいも

じゃがいもの担担風スープ

[材料]

じゃがいも…2個（250g）
豚ひき肉…100g
細ねぎ…5本
にんにく…1かけ
A 水…200㎖
 └ しょうゆ…小さじ2
  鶏がらスープの素（顆粒）
   …小さじ1
B 豆乳（成分無調整）…200㎖
 └ 白すりごま…大さじ2
豆板醤…小さじ½～1
みそ…大さじ1
ごま油…小さじ2
好みでラー油…適量

1 じゃがいもは4～6等分に切り、水に5分ほどさらして水けをきる。細ねぎは長さ3cmに切る。にんにくはみじん切りにする。

2 鍋にごま油、ひき肉、にんにくを入れ、中火で炒める。ひき肉の色が変わったら豆板醤を加え、さっと炒め合わせる。

3 Aとじゃがいもを加え、煮立ったらふたをして弱火で10分ほど煮る。細ねぎを加えてさっと煮、みそを加えて溶く。Bを加え、ひと煮立ちしたら器に盛り、ラー油をかける。

くずしじゃがいもと ベーコンのミルクスープ

[材料]

じゃがいも … 2個 (250g)

ベーコン … 2枚

玉ねぎ … 1/4個

A 片栗粉 … 小さじ2
└ 水 … 小さじ2

B 水 … 150ml
└ 洋風スープの素 (固形) … 1/2個

牛乳 … 150ml

塩 … 適量

粗びき黒こしょう … 適量

バター … 大さじ1

1 じゃがいもは2cm角に切り、水に5分ほどさらして水けをきる。ベーコンは幅2cmに切る。玉ねぎは薄切りにする。Aは溶き混ぜる。

2 鍋にバター、ベーコン、玉ねぎを入れ、弱火で炒める。玉ねぎがしんなりとしたら、じゃがいもを加えて軽く炒め合わせる。

3 Bを加えてふたをし、7分ほど煮る。木べらでじゃがいもを粗くくずし、牛乳を加えて温め、塩と粗びき黒こしょうで味を調える。Aをもう一度混ぜてから加えてひと煮立ちさせ、とろみをつける。

香菜
_{シャンツァイ}

香菜のシンプルサラダ

[材料]

香菜…30g
きゅうり…1本
A ごま油…大さじ1と½
　レモン果汁…小さじ1
　塩…小さじ⅓
　砂糖…1つまみ

1　香菜は葉を摘み、茎は長さ2㎝に切る。きゅうりはせん切りにする。

2　ボウルにAを入れて混ぜ、1を加えてあえる。

香菜と目玉焼きのタイ風サラダ

[材料]

香菜…10g
卵…2個
セロリ…½本
玉ねぎ…¼個
ミニトマト…6個

A 赤唐辛子 (小口切り)
　…½本分
　レモン果汁
　（またはライム果汁）
　…大さじ1
　ナンプラー…大さじ1
　砂糖…小さじ1
サラダ油…大さじ5

1　香菜はざく切りにする。セロリは厚さ3㎜の斜め切りにする。玉ねぎは薄切りにして水に10分ほどさらし、水けをしっかりときる。ミニトマトは半分に切る。

2　フライパンにサラダ油を中火で熱し、卵を1個ずつ落とし入れる。スプーンで油を回しかけながら好みの硬さになるまで揚げ焼きにし、油をきってひと口大に切る。

3　ボウルにAを入れて混ぜ、1と2を加えてあえる。

香菜と鶏手羽の
タイ風スープ

[材料]

香菜…20g

鶏手羽先…2本

A 水…400㎖
  - しょうが (せん切り) … ½かけ分
  - 酒…大さじ1と⅓
  - ナンプラー…小さじ1
  - 塩…小さじ¼

好みで粗びき黒こしょう…適量

1 香菜はざく切りにする。

2 鍋に手羽先とAを入れて中火で煮立て、あくを取り、ふたをして弱火で20分ほど煮る。器に盛り、香菜をのせて粗びき黒こしょうをふる。

※香菜の量は好みで構わない。ナンプラーの代わりにしょうゆを使用してもOK。

~~~~~~

香菜 旬 3〜6月

パクチーはタイ語、コリアンダーは英語。独特の強い香りがあり、東南アジアをはじめ、さまざまな国の料理で用いられる。抗酸化作用のあるβ-カロテンやビタミンEが多く、生活習慣病予防にも効果的。

ズッキーニ

ナンプラー風味の焼きズッキーニ

[材料]

ズッキーニ…1本（200g）
にんにく…2かけ
ナンプラー…小さじ1
塩…1つまみ
オリーブオイル…大さじ2

1 ズッキーニは厚さ1cmの輪切りにする。にんにくはみじん切りにする。

2 フライパンにオリーブオイルとにんにくを入れて弱火で熱し、香りが立ったらズッキーニを並べて塩をふり、中火で焼く。

3 ズッキーニの両面に焼き色がついたらナンプラーを回し入れ、全体にからめる。

※ナンプラーの代わりにしょうゆでも構わない。

ズッキーニのパスタサラダ

[材料]

ズッキーニ
　…1本（200g）
ショートパスタ
（フジッリやペンネ
など）…70g
ミニトマト…6個
玉ねぎ…⅓個
塩…小さじ⅓
オリーブオイル…大さじ1

A マヨネーズ…大さじ4
　フレンチマスタード
　　…小さじ1
　砂糖…小さじ1
　塩…1つまみ
　粗びき黒こしょう…適量

1 鍋にたっぷりの湯を沸かして塩適量（分量外）を入れ、ショートパスタを表示時間通りにゆでる。ざるに上げて水りをきり、オリーブオイルをかけてからめる。

2 ズッキーニは厚さ3mmの輪切りにし、塩をふって10分ほどおき、水分が出てきたら水けを絞る。ミニトマトは半分に切る。玉ねぎは繊維を断つように薄切りにして水に10分ほどさらし、水けをしっかりときる。

3 ボウルにAを入れて混ぜ、ショートパスタと2を加えてあえる。

ズッキーニとサラダチキンのスープ

[材料]

ズッキーニ … ½本 (100g)
サラダチキン (市販) … 60g
A 水 … 400mℓ
　├ 酒 … 大さじ1
　├ しょうゆ … 小さじ½
　└ 塩 … 小さじ⅓
ごま油 … 小さじ1

1 ズッキーニは厚さ3mmの輪切りにする。サラダチキンは食べやすい大きさにほぐす。

2 鍋にAと1を入れて中火で煮立て、ふたをして弱火で5分ほど煮る。器に盛り、ごま油をかける。

※市販のサラダチキンではなく鶏胸肉から作る場合は、鶏胸肉を薄切りにし、同様に作る。2であくが出たら取り、最後に味をみて塩適量で調える。

~~~~~~

ズッキーニ 旬 6〜8月

きゅうりに似ているが、かぼちゃの仲間。油との相性がよい。抗酸化作用のあるβ-カロテンや美肌効果のあるビタミンCなどが多い。大きすぎるものは風味が弱いこともあるので気をつける。

セロリ

セロリの中華風サラダ

[材料]

セロリ…2本

セロリの葉…1本分

A にんにく（すりおろし）…½かけ分

　白いりごま…大さじ1

　ごま油…小さじ2

　しょうゆ…小さじ1

　鶏がらスープの素（顆粒）

　　…小さじ½

　塩…小さじ¼

1　セロリは厚さ3mmの斜め切りにする。セロリの葉は幅1cmに切る。

2　ボウルにAを入れて混ぜ、1を加えてあえる。

セロリとささ身のヨーグルトマヨサラダ

[材料]

セロリ…1本

セロリの葉…5枚

鶏ささ身…1本

A マヨネーズ…大さじ3

　プレーンヨーグルト（無糖）

　　…大さじ1

　塩…小さじ¼

　砂糖…1つまみ

酒…大さじ½

1　ささ身は耐熱皿にのせて酒をふり、ふんわりとラップをして電子レンジで1分30秒ほど加熱する。そのままおいて粗熱がとれたら食べやすい大きさに裂き、筋は取り除く。

2　セロリは厚さ5mmの斜め切りにする。セロリの葉は幅1cmに切る。

3　ボウルにAを入れて混ぜ、ささ身と2を加えてあえる。

セロリと鶏ひき肉のレモンスープ

[材料]

セロリ… ½本
セロリの葉… 5枚
鶏ひき肉… 80g
レモン（輪切り）… 4枚
A 水… 400㎖
　しょうが（せん切り）… ½かけ分
　ローリエ… 1枚
　レモン果汁… 小さじ2
　塩… 小さじ½

1 セロリは厚さ3㎜の斜め切りにする。セロリの葉は細切りにする。

2 鍋にひき肉とAを入れて中火で煮立て、あくを取り、1を加えてふたをし、弱火で3分ほど煮る。器に盛り、食べる直前にレモンをのせる。

※レモンは汁に長時間浸していると苦みが出るので、10分程度で引き上げる。

セロリ　旬 11〜5月

特有の香り成分には食欲増進やイライラ防止などに効果があるといわれている。茎は食物繊維、葉はβ-カロテンが豊富。食感をよくするため、筋（茎の表面にある緑の線状のもの）は取ること。

大根とかにかまの サラダ

[材料]

大根…10㎝（300g）

大根の葉…50g

かに風味かまぼこ…4本（40g）

A しょうが（すりおろし）…½かけ分

　白すりごま…大さじ1

　マヨネーズ…大さじ4

　しょうゆ…小さじ⅔

　レモン果汁…小さじ½

塩…小さじ½

1 大根はスライサーでせん切りにする。大根の葉は粗みじん切りにする。合わせて塩をふり、10分ほどおいて水分が出てきたら水けをしっかりと絞る。かに風味かまぼこは食べやすい大きさに裂く。

2 ボウルにAを入れて混ぜ、1を加えてあえる。

※大根の葉がない場合は、きゅうりのせん切り½本分を使用しても。Aに豆板醤や練りわさび、ゆずこしょうを加えて味をアレンジしてもOK。

大根おろしと 厚揚げのサラダ

[材料]

大根…3㎝（100g）

厚揚げ…½枚（140g）

A マヨネーズ…大さじ2

　レモン果汁…小さじ½

　しょうゆ…小さじ½

1 大根はすりおろしてざるに上げ、軽く汁けをきる。厚揚げはひと口大に切る。

2 ボウルにAを入れて混ぜ、大根を加えてあえる。

3 フライパンに厚揚げを入れ、表面に焼き色がつくまで中火で焼く。

4 器に厚揚げを盛り、2をのせる。

なます風サラダ

[材料]

大根…8㎝（250g）

にんじん…⅓本（50g）

A 白いりごま…大さじ1

　酢…大さじ3

　砂糖…大さじ2

　オリーブオイル…大さじ1と½

　ゆず果汁（またはレモン果汁）…小さじ1

　塩…小さじ¼

塩…小さじ½

1 大根とにんじんはせん切りにする。合わせて塩をふり、10分ほどおいて水分が出てきたら水けをしっかりと絞る。

2 ボウルにAを入れて混ぜ、1を加えてあえる。

大根 旬 11〜3月

上部は甘みがあり、下にいくほど辛みが増す。葉つきのものは葉が水分を吸ってしまうので、葉と根を切り分けて保存するとよい。根には胃腸の働きを助ける消化酵素、葉にはβ-カロテンが豊富。

簡単参鶏湯

サムゲタン

[材料]

大根…10cm（300g）

鶏手羽元…4本

長ねぎ…1本（100g）

もち米（または精白米）…大さじ3

細ねぎ（小口切り）…適量

A 水…600㎖
- にんにく（つぶす）…1かけ分
- しょうが（薄切り）…½かけ分
- 塩…小さじ½

塩…適量

1 大根は厚さ5mmのいちょう切りにする。長ねぎは長さ3cmに切る。もち米は洗い、かぶるくらいの水に15分ほど浸水させて水けをきる。

2 鍋にA、手羽元、大根、長ねぎを入れて中火で煮立て、あくを取り、ふたを少しずらしてのせて弱火で15分ほど煮る。もち米を加え、ふたをして15分ほど煮る。

3 塩で味を調えて器に盛り、細ねぎを散らす。

※細ねぎの代わりに三つ葉やくこの実などをトッピングしても。

大根とほたてのスープ

[材料]

大根 … 5cm (150g)

大根の葉 … 50g

ほたて貝柱缶 … 1缶 (130g)

A 片栗粉 … 小さじ2
└ 水 … 大さじ1

B 水 … 360㎖
├ しょうが (せん切り) … ½かけ分
├ 酒 … 大さじ2
└ 塩 … 小さじ¼

ごま油 … 小さじ1

1 大根は厚さ5㎜のいちょう切り
にする。大根の葉は粗く刻む。
Aは溶き混ぜる。

2 鍋に大根、ほたて貝柱 (缶汁
ごと)、Bを入れて中火で煮立
て、あくを取り、ふたをして弱
火で7分ほど煮る。大根の葉
を加え、再びふたをして3分ほ
ど煮る。

3 Aをもう一度混ぜてから加え、
ひと煮立ちさせてとろみをつけ
る。器に盛り、ごま油をかける。

玉ねぎと生ハムのサラダ

[材料]

玉ねぎ…1個
生ハム…5枚（50g）
A オリーブオイル…大さじ2
  レモン果汁…小さじ2
  塩…小さじ¼
  粗びき黒こしょう…適量

1　玉ねぎは縦半分に切ってから繊維を断つように薄切りにし、水に10分ほどさらして水けをしっかりときる。生ハムはひと口大に切る。

2　ボウルにAを入れて混ぜ、1を加えてあえる。

※生ハムの代わりにスモークサーモンでもおいしい。

玉ねぎとさばの南蛮サラダ

[材料]

玉ねぎ…½個
さば缶（水煮）…1缶（190g）
A 赤唐辛子（小口切り）…½本分
  酢…大さじ2
  しょうゆ…大さじ1
  砂糖…小さじ2

1　玉ねぎは繊維を断つように薄切りにして水に10分ほどさらし、水けをしっかりときる。さばは缶汁をきる。

2　ボウルにAを入れて混ぜ、玉ねぎを加えてあえ、5分ほどおく。

3　器にさばを盛り、2をのせる。

ツナ入りオニオンサラダ

[材料]

玉ねぎ…1個
ツナ缶（油漬け）…1缶（70g）
削り節…小1パック（1.5g）
A オリーブオイル…大さじ1と½
  酢…大さじ1
  しょうゆ…大さじ½
  砂糖…小さじ½

1　玉ねぎは縦半分に切ってから繊維を断つように薄切りにし、水に10分ほどさらして水けをしっかりときる。ツナは缶汁をきる。

2　ボウルにAを入れて混ぜ、1と削り節を加えてあえる。

玉ねぎ　　旬 4〜5月

辛みのもととなる硫化アリルには血液をさらさらにする、ビタミンB₁の吸収を助けて代謝を促すなどの働きがあるが、長時間水にさらすと溶け出るので気をつける。繊維に沿って切るとしゃきしゃき、繊維を断つように切るとやわらかい歯触りになる。

玉ねぎ

まるごと玉ねぎのスープ

[材料]

玉ねぎ…2個
A 水…400㎖
┌ 洋風スープの素（固形）…½個
└ 塩…小さじ¼
粗びき黒こしょう…適量

1 玉ねぎは上部に深さ3㎝ほどの切り込みを十文字に入れる。耐熱皿にのせてふんわりとラップをし、電子レンジで5分ほど加熱する。

2 鍋にAと玉ねぎを入れて中火で煮立て、ふたをして、ときどき返しながら弱火で15分ほど煮る。器に盛り、粗びき黒こしょうをふる。

※新玉ねぎは水分が多いので味が薄くなりがち。塩の量で調整を。

簡単オニオングラタンスープ

[材料]

玉ねぎ…2個
バゲット…4cm
ピザ用チーズ…適量
粉チーズ…適量
A 水…400㎖
  └ 洋風スープの素（固形）…½個
塩…小さじ⅓＋適量
粗びき黒こしょう…適量
バター…30g

1 玉ねぎは縦半分に切ってから薄切りにする。耐熱皿にのせてふんわりとラップをし、電子レンジで5分ほど加熱する。

2 鍋にバターと玉ねぎを入れて塩小さじ⅓をふり、弱火で10〜15分炒める。あめ色になったらAを加えて中火にし、ひと煮立ちしたらふたを少しずらしてのせて弱火で15分ほど煮、塩適量で味を調える。

3 バゲットは厚さ1cmに切り、ピザ用チーズと粉チーズをのせて、オーブントースターでチーズが溶けるまで3〜4分焼く。

4 器に2を盛り、3をのせて粗びき黒こしょうをふる。

※新玉ねぎは水分が多いので、炒める時間は長めになる。

青梗菜（チンゲンサイ）

青梗菜のナムル

[材料]

青梗菜…2株（300g）

にんじん…⅓本（50g）

A にんにく（すりおろし）…½かけ分

　白いりごま…大さじ1

　ごま油…大さじ1

　しょうゆ…小さじ½

　塩…小さじ⅓

　砂糖…1つまみ

1 青梗菜は長さを3等分に切ってから縦に幅5mmに切る。にんじんは細切りにする。

2 鍋に湯を沸かして塩少々（分量外）を入れ、にんじんを30秒ほどゆでる。青梗菜を加えてさらに30秒ほどゆで、水にとって冷まし、水けをしっかりと絞る。

3 ボウルにAを入れて混ぜ、2を加えてあえる。

青梗菜としらすの和風サラダ

[材料]

青梗菜…1株（150g）

しらす干し…25g

青じそ…3枚

A 酢…大さじ1

　しょうゆ…大さじ½

　砂糖…小さじ1

　ごま油…小さじ1

1 青梗菜は縦半分に切ってから横に幅5mmに切る。青じそはせん切りにする。

2 ボウルにAを入れて混ぜ、1としらすを加えてあえる。

たっぷり青梗菜の中華風かき玉汁

[材料]

青梗菜…2株（300g）

卵…1個

しょうが…½かけ

A 片栗粉…小さじ2
└ 水…小さじ2

B 水…400㎖
│ 酒…大さじ1
│ 鶏がらスープの素（顆粒）
│ …小さじ1
└ 塩…小さじ⅓

塩…適量

好みで粗びき黒こしょう…適量

ごま油…小さじ1

1 青梗菜は縦半分に切ってから横に幅5㎜に切る。しょうがはせん切りにする。卵は溶きほぐす。Aは溶き混ぜる。

2 鍋にB、青梗菜、しょうがを入れて中火で煮立て、ふたをして弱火で3分ほど煮、塩で味を調える。

3 Aをもう一度混ぜてから加え、ひと煮立ちさせてとろみをつけ、溶き卵を流し入れる。器に盛り、ごま油をかけて粗びき黒こしょうをふる。

〜〜

青梗菜 旬 9〜1月

炒めものによく使われるが、あくが少ないのでサラダやスープにも。抗酸化作用のあるβ-カロテンやビタミンCを多く含む。油と組み合わせるとβ-カロテンの吸収率がアップする。

豆腐と玉ねぎの
タイ風サラダ

[材料]

木綿豆腐…½丁（200g）
玉ねぎ…½個
香菜…3本
Aナンプラー…小さじ2
 ├ ライム果汁（またはレモン果汁）
 │ …小さじ2
 └ 砂糖…小さじ½

1 豆腐はペーパータオルで包ん
  でざるにのせ、皿などをのせて
  重しをし、1時間ほどおいて水
  きりをし、半分に切る。玉ねぎ
  は繊維を断つように薄切りに
  し、水に10分ほどさらして水
  けをしっかりときる。香菜は長
  さ1cmに切る。

2 ボウルにAを入れて混ぜ、玉
  ねぎと香菜を加えてあえ、5分
  ほどおく。

3 器に豆腐を盛り、2をのせる。
  ※小口切りにした赤唐辛子½本分を
  Aに入れてもおいしい。

豆腐、じゃこ、
わかめのサラダ

[材料]

木綿豆腐 … ½丁（200g）

ちりめんじゃこ … 10g

乾燥カットわかめ … 3g

水菜 … 30g

A 酢 … 大さじ2

　オリーブオイル … 大さじ½

　ごま油 … 大さじ½

　しょうゆ … 大さじ½

　ゆずこしょう（または練りわさび）

　　… 小さじ½

　塩 … 小さじ¼

1　豆腐はペーパータオルで包んでざるにのせ、皿などをのせて重しをし、1時間ほどおいて水きりをし、ひと口大にちぎる。わかめは水に5分ほどつけて戻し、水けを絞る。水菜は長さ3cmに切る。

2　ボウルにAを入れて混ぜ、1とちりめんじゃこを加えてやさしくあえる。

※乾燥わかめの代わりに塩蔵わかめを使う場合は15gほどが目安。

豆腐と明太子のとろみスープ

[材料]

絹ごし豆腐 … ½丁 (200g)

辛子明太子 … ¼はら (25g)

細ねぎ … 3本

A 片栗粉 … 小さじ2
└ 水 … 大さじ1

B だし汁 … 400㎖
├ 酒 … 大さじ½
└ 塩 … 小さじ¼

1 豆腐は2㎝角に切る。明太子は中身をしごき出す。細ねぎは小口切りにする。Aは溶き混ぜる。

2 鍋にBを入れて中火で煮立て、弱火にして豆腐を加え、2～3分温める。明太子を加え、やさしく混ぜて温める。

3 Aをもう一度混ぜてから加え、ひと煮立ちさせてとろみをつける。器に盛り、細ねぎを散らす。

豆腐の中華風スープ

[材料]

絹ごし豆腐 … ½丁 (200g)

味つきザーサイ (みじん切り) … 適量

A 片栗粉 … 小さじ2
└ 水 … 大さじ1

B 水 … 100㎖
├ 鶏がらスープの素 (顆粒)
│　　… 小さじ⅔
└ 塩 … 小さじ¼

牛乳 … 150㎖

塩 … 適量

ラー油 … 適量

1 豆腐はざるで裏ごしをする。Aは溶き混ぜる。

2 鍋にBと豆腐を入れて中火で煮立て、弱火にして牛乳を加えて温める。塩で味を調え、Aをもう一度混ぜてから加え、ひと煮立ちさせてとろみをつける。

3 器に盛り、ザーサイをのせてラー油をかける。

※味つきザーサイの代わりに細ねぎや香菜をトッピングしても。

豆苗

[材料]
豆苗…1袋
油揚げ…1枚
A 白いりごま…小さじ2
　レモン果汁…大さじ1
　ごま油…小さじ2
　しょうゆ…小さじ2
塩…適量

1　豆苗は長さを半分に切り、水に
　5分ほどさらして水けをしっかり
　ときる。

2　フライパンに油揚げを入れ、両
　面に薄く焼き色がつくまで中火
　で焼く。縦半分に切ってから幅
　5mmに切る。

3　ボウルにAを入れて混ぜ、豆苗
　と油揚げを加えてあえ、塩で味
　を調える。

※仕上げに焼きのりをちぎって散らして
もおいしい。

豆苗と油揚げのレモンしょうゆサラダ

[材料]
豆苗…1袋
長ねぎ…½本（50g）
韓国のり…1パック（8枚）
A にんにく（すりおろし）…½かけ分
　白いりごま…大さじ1
　ごま油…大さじ1
　酢…大さじ1
　コチュジャン…小さじ2
　砂糖…小さじ1
　塩…小さじ¼

1　豆苗は長さを半分に切り、水に
　5分ほどさらして水けをしっかり
　ときる。長ねぎは長さ3cmのせ
　ん切りにし、水に10分ほどさら
　して水けをしっかりときる。

2　ボウルにAを入れて混ぜる。1
　を加えてあえ、さらに韓国のりを
　ちぎりながら加えてあえる。

豆苗のチョレギサラダ

豆苗と春雨の黒酢スープ

[材料]

豆苗…1袋
春雨…40g
A 水…500㎖
  しょうが (せん切り) …½かけ分
  しょうゆ…小さじ2
  鶏がらスープの素 (顆粒) …小さじ1
  塩…小さじ⅓
B 黒酢 (または酢) …小さじ2
  ごま油…小さじ1
粗びき黒こしょう…適量

1 豆苗は長さを半分に切る。春雨は
  キッチンばさみで食べやすい長さ
  に切る。

2 鍋にAを入れて中火で煮立て、春
  雨を加えてふたをし、弱火で2分
  ほど煮る。豆苗を加えてさっと煮、
  火を止めてBを加える。器に盛り、
  粗びき黒こしょうをふる。

豆苗 旬 通年

水耕栽培のものが多く、1年を通して安定して手に入る。使用後、豆の色がきれいな場合は根に水が浸るようにし、日当りのよい場所に置くと再収穫できる。

とうもろこし

とうもろこしのラープ

[材料]
とうもろこし…2本
豚ひき肉…150g
トマト…1個
玉ねぎ…¼個
香菜…10g
ミントの葉…10枚

Aにんにく（みじん切り）
　…1かけ分
　レモン果汁…大さじ1
　ナンプラー…大さじ1
　一味唐辛子
　　…小さじ⅓〜½
酒…大さじ2

1　とうもろこしは包丁で身をそぎ取る。トマトは横半分に切って種を取り、1㎝角に切る。玉ねぎはみじん切りにして水に10分ほどさらし、水けをしっかりと絞る。香菜は長さ2㎝に切る。ミントの葉は粗くちぎる。

2　鍋にひき肉と、とうもろこしを入れて酒をふり、全体に火が通るまで中火で炒める。

3　ボウルにAを入れて混ぜ、2、トマト、玉ねぎ、香菜、ミントの葉を加えてあえる。

※ラープはタイの料理。とうもろこしは缶汁をきったホールコーン缶240gで代用可。その場合は2でひき肉を色が変わるまで炒めてからさっと炒める。

とうもろこしのシンプルサラダ

[材料]
とうもろこし…2本
玉ねぎ…½個
Aマヨネーズ…大さじ2
　オリーブオイル…大さじ1
　レモン果汁…小さじ1
　塩…小さじ⅓
　粗びき黒こしょう…適量

1　とうもろこしは熱湯で3〜4分ゆで、ざるに上げて冷まし、包丁で身をそぎ取る。玉ねぎはみじん切りにして水に10分ほどさらし、水けをしっかりと絞る。

2　ボウルにAを入れて混ぜ、1を加えてあえる。

※とうもろこしは缶汁をきったホールコーン缶240gで代用可。その場合は1でゆでなくてよい。

コーンチャウダー

[材料]

とうもろこし … 1本
じゃがいも … 1個 (125g)
玉ねぎ … ¼個
A 水 … 150㎖
└ ローリエ … 1枚
牛乳 … 200㎖
塩 … 小さじ½＋適量
小麦粉 … 大さじ1と½
バター … 25g

※とうもろこしが手に入らないときは
ホールコーン缶190g（缶汁含む）
を使用しても。身と缶汁に分けてお
き、3で芯の代わりに缶汁を加える。

1 とうもろこしは包丁で身をそぎ取る（芯
は取っておく）。じゃがいもは2㎝角に
切り、水に5分ほどさらして水けをきる。
玉ねぎはみじん切りにする。

2 鍋にバターと玉ねぎを入れて塩小さじ
½をふり、弱火で軽く炒める。じゃがい
もを加えて炒め合わせ、全体にバター
が回ったら、とうもろこしを加えてさっ
と炒め合わせ、小麦粉をふり入れて炒
める。

3 粉けがなくなったらAと、とうもろこし
の芯を加え、ふたをして中火にする。
煮立ったら弱火にし、ときどき混ぜなが
ら10分ほど煮る。牛乳を加えて5分
ほど煮、塩適量で味を調える。

〜〜〜〜〜〜〜〜〜〜〜〜〜〜〜〜〜〜〜〜〜〜〜〜〜〜〜

とうもろこし　旬 6 〜 9月

主成分は糖質とたんぱく質。ほかに新陳代謝を高めるアスパラギン酸、疲労回復を助けるビタミンB₁など
が豊富。生は鮮度が落ちるのが早いので、買ってきたらすぐに食べるのがよい。

トマトのジンジャーサラダ

[材料]
トマト…2個
A しょうが (すりおろし)
　　…1かけ分
　酢…大さじ2
　ごま油…大さじ1と½
　砂糖…小さじ1
　塩…小さじ⅓

1　トマトは8等分のくし形切りにする。
2　ボウルにAを入れて混ぜ、トマトを加えてあえる。

簡単パンツァネッラ

[材料]
トマト…2個
オレンジ…1個
玉ねぎ…¼個
きゅうり…1本
硬くなったパン…50g
バジルの葉…5枚
A オリーブオイル
　　…大さじ2
　塩…小さじ⅓

1　トマトとオレンジはひと口大に切る。玉ねぎは繊維を断つように薄切りにし、水に10分ほどさらして水けをしっかりときる。きゅうりは塩適量（分量外）をふって全体をやさしくこすり、洗って塩を落とす。ピーラーで縦にところどころ皮をむき、ポリ袋に入れ、めん棒などでたたいてひびを入れ、ひと口大に裂く。パンはひと口大に切る。
2　ボウルに1を入れ、バジルの葉をちぎって加える。Aを順に加え、そのつどあえる。

※くだものは季節のもので構わない。パンはバゲットやカンパーニュなどがおすすめ。硬くない場合はオーブントースターで焼くとよい。バジルの代わりにミントやオレガノなどでも合う。

焼きトマトのシンプルサラダ

[材料]
トマト…小2個
粉チーズ…適量
しょうゆ…小さじ1
塩…少々
小麦粉…大さじ1
バター…20g

1　トマトは厚さ2cmの輪切りにし、両面に小麦粉をまぶす。
2　フライパンにバターを中火で溶かし、トマトを並べて塩をふる。焼き色がついたら裏返し、強火にして反対側にも焼き色をしっかりとつける。火を止め、しょうゆを回し入れてからめ、器に盛って粉チーズをふる。

〜〜〜〜〜〜〜〜〜〜〜〜〜〜〜〜〜〜〜〜〜〜〜〜〜〜〜〜〜

トマト　旬 6 〜 9月

強い抗酸化作用のある赤い色素のリコピンは脂溶性なので、油といっしょにとるのがおすすめ。老化防止に効果的なビタミンE、ストレスから体を守るビタミンCも多い。

焼きトマトのスープ

[材料]

トマト… 大1個
にんにく… ½かけ
粉チーズ… 適量
A水… 400㎖
└ 洋風スープの素（固形）… ½個
塩… 少々＋適量
粗びき黒こしょう… 適量
オリーブオイル… 大さじ2

1 トマトは4等分の輪切りにする。にんにくはつぶす。

2 鍋にオリーブオイルとにんにくを入れて弱火で熱し、香りが立ったらトマトを加え、中火で両面を焼く。トマトに薄く焼き色がついたら塩少々をふる。

3 Aを加えて煮立て、弱火にして2分ほど煮、塩適量で味を調える。器に盛り、粉チーズと粗びき黒こしょうをふる。

※好みでバジルやタイムを入れてもおいしい。

まるごとトマトのスープ

[材料]

トマト…2個
好みで香菜…適量
A 水…400㎖
    鶏がらスープの素（顆粒）
        …小さじ1
    塩…小さじ¼
塩…適量
ごま油…小さじ1

1 トマトはへたと反対側に十文字の切り込みを入れ、熱湯に入れる。皮がめくれてきたら冷水にとって冷まし、水けをきって皮をむく。

2 鍋にAとトマトを入れて中火で煮立て、ふたをして、ときどき返しながら弱火で10分ほど煮る。塩で味を調えて器に盛り、ごま油をかけて香菜をのせる。

長いも

せん切り長いもと水菜のサラダ

[材料]

長いも…150g
水菜…100g
好みで味つけのり…5枚
A しょうが（すりおろし）…1かけ分
　白すりごま…大さじ1
　ごま油…大さじ1
　しょうゆ…大さじ1
　砂糖…小さじ1

1　長いもは半量は長さ4cmのせん
　切りにし、残りはすりおろす。水
　菜は長さ4cmに切る。

2　ボウルにAとすりおろした長い
　もを入れ、しっかりと混ぜる。せ
　ん切りにした長いもと水菜を加
　え、さらに味つけのりをちぎって
　加えてあえる。

長いもとまぐろのイタリア風タルタル

[材料]

長いも…100g
まぐろ（刺身用・さく）…150g
玉ねぎ…¼個
イタリアンパセリ…5本
A オリーブオイル…大さじ1
　レモン果汁…大さじ½
　塩…小さじ⅓
オリーブオイル…適量

1　長いもとまぐろはそれぞれ包丁
　でたたいて細かくする。玉ねぎ
　はみじん切りにして水に10分ほ
　どさらし、水けをしっかりと絞る。
　イタリアンパセリは粗みじん切り
　にする。

2　ボウルにAを入れて混ぜ、1を
　加えてあえる。器に盛り、オリー
　ブオイルをかける。

長いものかき玉汁

[材料]

長いも…45g

卵…1個

三つ葉…適量

A だし汁…400㎖

┌ しょうゆ…小さじ1と½

│ 酒…小さじ1

└ みりん…小さじ1

塩…適量

1 長いもはすりおろしてボウルに入れ、卵を加えて混ぜる。

2 三つ葉は長さ1㎝に切る。

3 鍋にAを入れて中火で煮立て、弱火にして1を加え、菜箸でやさしく混ぜる。ひと煮立ちしたら塩で味を調え、器に盛って三つ葉をのせる。

~~~~~~~~~~~~~~~~~~~~~~~~~~~~~~~~

長いも 旬 11〜1月 3〜4月

山いもの仲間のなかでも粘りが少なく、水分が多め。でんぷんを分解する消化酵素のアミラーゼの働きによって胃腸の調子が整い、疲労回復効果も。ただしアミラーゼは熱に弱いので、スープにする際は軽く火を通す程度がベター。

長ねぎ

長ねぎとザーサイのサラダ

[材料]

長ねぎ…2本（200g）
ハム…3枚
味つきザーサイ…30g
A 白いりごま…大さじ1
　 ごま油…大さじ1
　 鶏がらスープの素（顆粒）
　 　…小さじ1
塩…適量

1　長ねぎは長さ4cmのせん切りにし、水に10分ほどさらして水けをしっかりときる。ハムは半分に切ってから幅3mmに切る。ザーサイはみじん切りにする。

2　ボウルにAを入れて混ぜ、1を加えてあえ、塩で味を調える。

※長ねぎの辛みが苦手な場合はさっと湯通ししてもよい。

焼き長ねぎのマリネ

[材料]

長ねぎ…2本（200g）
レモン果汁…大さじ1
塩…小さじ¼
オリーブオイル…大さじ3

1　長ねぎは長さ4cmに切る。

2　鍋にオリーブオイルと長ねぎを入れて塩をふり、中火で焼く。表面に薄く焼き色がついたら水大さじ2（分量外）を加えてふたをし、弱火で10分ほど蒸し煮にする。しんなりとしたら火を止め、粗熱がとれたらレモン果汁をかける。

長ねぎ　旬 11〜2月

白い部分に含まれる香り成分の硫化アリルは、血行をよくして体を温め、免疫力を高める働きがある。青い部分はβ-カロテンやビタミンC、カルシウムが多いので、スープに好みで足してもよい。

長ねぎと梅おかかの即席スープ

[材料]

長ねぎ…½本（50g）

梅干し…2個

A 削り節…小1パック（1.5g）

┌ しょうゆ…小さじ2

└ 塩…1つまみ

熱湯…300㎖

1 長ねぎはみじん切りにする。梅干しは種を取り、包丁で果肉を細かくたたく。

2 2つの器に1とAを等分に入れ、熱湯を150㎖ずつ注ぐ。

長ねぎの塩スープ

[材料]

長ねぎ…1本 (100g)
A 水…400㎖
　酒…大さじ1
　鶏がらスープの素 (顆粒)
　　…小さじ½
　塩…1つまみ
粗びき黒こしょう…適量
ごま油…小さじ1

1　長ねぎは長さ4㎝のせん切りにする。

2　鍋にAと長ねぎを入れて中火で煮立て、ふたをして弱火で5分ほど煮る。器に盛り、ごま油をかけて粗びき黒こしょうをふる。

※ハムやベーコンを加えてもおいしい。その場合は塩の量を控えめにして調節する。

なす

90

蒸しなすのエスニック風サラダ

[材料]
なす…5本
玉ねぎ…⅓個
香菜…10g
好みでアーモンド（ロースト済み）
　…適量
A にんにく（みじん切り）…½かけ分
　赤唐辛子（小口切り）…½本分
　ごま油…大さじ1と½
　レモン果汁…大さじ1と½
　ナンプラー…大さじ1と½

1 なすはピーラーで皮をむいて4つ割りにし、水に10分ほどさらして水けをきる。耐熱皿にのせてふんわりとラップし、電子レンジで8分ほど加熱してそのまま冷ます。さらに縦に食べやすい大きさに裂く。

2 玉ねぎは薄切りにして水に10分ほどさらし、水けをしっかりときる。香菜は長さ3cmに切る。アーモンドは粗く刻む。

3 ボウルにAを入れて混ぜ、なす、玉ねぎ、香菜を加えてやさしくあえる。器に盛り、アーモンドを散らす。

※みょうがや細ねぎ、青じそ、ツナ、蒸し鶏、蒸しえびなどを加えても合う。

なすのおろしサラダ

[材料]
なす…3本
大根…8cm（250g）
しょうが…大1かけ
細ねぎ…4本
A すだち果汁（またはレモン果汁）
　　…大さじ1
　しょうゆ…大さじ1
ごま油…大さじ3

1 なすは大きめの乱切りにし、水に10分ほどさらして水けをきる。大根はすりおろしてざるに上げ、軽く汁けをきる。しょうがはすりおろす。細ねぎは小口切りにする。

2 フライパンにごま油となすを入れてざっと混ぜ、中火で焼く。やわらかくなったら油をきり、器に盛る。

3 ボウルに大根、しょうが、細ねぎ、Aを入れて混ぜ、なすにかける。

～～～～～～～～～～～～～～～～～～～～～～～～～～～～

なす　旬 6～9月
全体に張りがあり、へたにとげがあるものが新鮮。皮に含まれるナスニンという色素は眼精疲労や動脈硬化予防などに有効。特有のあくがあり、切ると変色しやすいので水にさらすとよい。

なす

なすとささ身の
わさびマリネ

[材料]

なす…2本

鶏ささ身…2本

三つ葉…5本

A 白すりごま…小さじ2

好みですだち果汁
（またはレモン果汁）…½個分

オリーブオイル…大さじ1

しょうゆ…小さじ2

練りわさび…小さじ½

酒…大さじ1

塩…小さじ⅓

1 ささ身は耐熱皿にのせて酒をふ
り、ふんわりとラップをして電子レ
ンジで2分30秒〜3分加熱す
る。そのままおいて粗熱がとれた
ら食べやすい大きさに裂き、筋は
取り除く。

2 なすは厚さ5mmの輪切りにして
塩をふり、10分ほどおいて水分
が出てきたら水けを絞る。三つ
葉は長さ2cmに切る。

3 ボウルにAを入れて混ぜ、ささ身
と2を加えてあえる。

なすとカマンベールの
トマトスープ

[材料]

なす…1本
玉ねぎ…¼個
カマンベールチーズ…½個（45g）
A 水…200㎖
  ┌ トマト缶（ダイス）…½缶（200g）
  │ 洋風スープの素（固形）…½個
  └ 砂糖…小さじ½
塩…小さじ¼＋適量
オリーブオイル…大さじ1

1 なすは厚さ3㎜の半月切りにし、水に10分ほどさらして水けをきる。玉ねぎは粗みじん切りにする。カマンベールは4等分に切る。

2 鍋にオリーブオイルと玉ねぎを入れて塩小さじ¼をふり、弱火で2分ほど炒める。しんなりとしたらなすを加え、さらに2分ほど炒め合わせる。

3 Aを加えて中火で煮立て、ふたをして弱火で5分ほど煮る。塩適量で味を調え、カマンベールを加えて1分ほど煮る。

にら

[材料]

にら… ½束
トマト… 大1個
A 白すりごま… 大さじ1
　ごま油… 小さじ2
　酢… 小さじ2
　塩… 小さじ½
　砂糖… 1つまみ

にらとトマトのごまサラダ

1　にらは長さ3cmに切る。トマトは
　ひと口大に切る。

2　ボウルにAを入れて混ぜ、1を
　加えてあえる。冷蔵室で15分
　ほど冷やして味をなじませる。

[材料]

にら… ½束
木綿豆腐… ½丁（200g）
A レモン（皮ごとみじん切り）… ¼個分
　白いりごま… 大さじ1
　ごま油… 大さじ1
　しょうゆ… 小さじ1
　鶏がらスープの素（顆粒）
　　… 小さじ½

にらとくずし豆腐のレモンサラダ

1　豆腐はペーパータオルで包んで
　ざるにのせ、皿などをのせて重
　しをし、1時間ほどおいて水きり
　をする。にらは長さ3cmに切る。

2　ボウルにAを入れて混ぜ、にら
　を加えてあえる。さらに豆腐を
　粗くくずしながら加え、やさしく
　あえる。

にらとひき肉の中華風スープ

[材料]

にら…1束
豚ひき肉…150g
A 水…400㎖
　しょうゆ…小さじ1
　オイスターソース…小さじ1
　塩…小さじ¼
　粗びき黒こしょう…適量
ごま油…小さじ2
好みでラー油…適量

1　にらは長さ2㎝に切る。

2　鍋にごま油とひき肉を入れ、中火で炒める。色が変わったらAを加え、煮立ったらにらを加えてひと煮する。器に盛り、ラー油をかける。

〜〜〜〜〜〜〜〜〜〜〜〜〜〜〜〜〜〜〜〜〜〜〜〜〜〜〜〜〜〜〜〜〜〜〜

にら　旬 11〜3月

意外にも生で食べられる。しなびやすいので、買ってきたらなるべく早く使いきるとよい。抵抗力を高める β-カロテンが豊富なのでスタミナをつけたいときにもおすすめ。

にんじん

にんじんのナムル

[材料]

にんじん … 1本 (150g)
A にんにく (すりおろし)
　 … ½かけ分
　 白いりごま … 大さじ1
　 ごま油 … 小さじ2
塩 … 2つまみ
ごま油 … 小さじ2

1 にんじんはスライサーでせん切りにする。

2 フライパンにごま油とにんじんを入れて塩をふり、少ししんなりとするまで中火で炒める。

3 ボウルにAを入れて混ぜ、にんじんを加えてあえる。

薄切りにんじんのラペ

[材料]

にんじん … 1本 (150g)
あればレモンの皮 … 適量
A オリーブオイル … 大さじ1
　 レモン果汁 … 大さじ1
　 はちみつ … 小さじ2
　 塩 … 小さじ¼

1 にんじんはピーラーで縦に細長い薄切りにする。

2 ボウルにAを入れて混ぜ、にんじんを加えてあえる。器に盛り、レモンの皮をすりおろしながら散らす。

※好みでオレンジやマンゴー、レーズンを加えても相性がよい。

グリルにんじんのサラダ

[材料]

にんじん … 1本 (150g)
ローズマリー … 1枝
塩 … 小さじ¼
オリーブオイル … 大さじ1

1 にんじんは4つ割りにする。

2 フライパンにオリーブオイルとにんじんを入れて塩をふり、中火で表面を焼く。焼き色がついたらローズマリーと水大さじ2 (分量外)を加え、ふたをして全体に火が通るまで弱火で10分ほど蒸し焼きにする。

※ローズマリーの代わりにオレガノやタイム、にんにくでも合う。

にんじん [旬] 10〜12月

野菜のなかでもβ-カロテンの含有量が高く、免疫力アップ、がんや動脈硬化の予防に有効。皮のすぐ下にβ-カロテンが多いので、皮はピーラーで薄くむくのがベター。

すりおろしにんじんのジンジャースープ

[材料]

にんじん … 小2本 (200g)
玉ねぎ … ¼個
A 水 … 400㎖
　しょうが (すりおろし) … 1かけ分
　洋風スープの素 (固形) … ½個
　塩 … 小さじ¼
バター … 15g
好みでオリーブオイル … 小さじ2

1 にんじんと玉ねぎはすりおろす。

2 鍋にバターと玉ねぎを入れ、弱火でさっと炒める。にんじんを加え、さらに3分ほど炒め合わせる。

3 Aを加えて中火で煮立て、ふたをして弱火で10分ほど煮る。器に盛り、オリーブオイルをかける。

にんじんのポトフ

[材料]

にんじん…1本 (150g)
ウインナソーセージ…4本
玉ねぎ…½個
A 水…400㎖
　├ ローリエ…1枚
　├ 洋風スープの素 (固形)…½個
　└ 塩…小さじ⅓
粒マスタード…適量
塩…適量
粗びき黒こしょう…適量

1 にんじんは長さを半分に切ってから4つ割りにする。玉ねぎは4等分のくし形切りにする。

2 鍋にAと1を入れて中火で煮立て、ふたをして弱火で10分ほど煮る。ソーセージを加え、再びふたをして5分ほど煮、塩で味を調える。

3 器に盛り、粗びき黒こしょうをふって粒マスタードを添える。

※ソーセージの代わりにベーコンでも構わない。

白菜

白菜とりんごのコールスロー

[材料]

白菜… 葉3枚（300g）
りんご… ¼個
A マヨネーズ… 大さじ1
　オリーブオイル… 大さじ½
　酢… 大さじ½
　砂糖… 小さじ½
　塩… 2つまみ
塩… 小さじ½

1　白菜は縦半分に切ってからせん切りにし、塩をふって10〜15分おき、水分が出てきたら水けをしっかりと絞る。りんごは皮つきのままスライサーでせん切りにする。

2　ボウルにAを入れて混ぜ、1を加えてあえる。

ちぎり白菜とツナのサラダ

[材料]

白菜… 葉2枚（200g）
ツナ缶（油漬け）… ½缶（35g）
A 白いりごま… 大さじ1
　ごま油… 大さじ1
　みりん… 小さじ½
　しょうゆ… 小さじ½
　塩… 小さじ¼

1　白菜は食べやすい大きさにちぎる。ツナは缶汁をきる。

2　ボウルにAを入れて混ぜ、1を加えてあえる。

白菜　旬 11〜2月

いちばん外側の葉に農薬が残りやすいので、1枚ははがして使う。黒い斑点はポリフェノールの一種なので、そのまま食べてOK。まるごとの場合は新聞紙、カットしてある場合はラップで包んで冷蔵室で保存して。

白菜のザワークラウト風

[材料]
白菜 … 葉3枚（300g）
ウインナソーセージ … 2本
A ローリエ … 1枚
　あればクローブ … 1粒
　酢（あればりんご酢）… 大さじ2
　オリーブオイル … 大さじ1
　砂糖 … 小さじ1
　塩 … 2つまみ
塩 … 小さじ½

1　白菜は縦半分に切ってからせん切りにし、塩をふって10〜15分おき、水分が出てきたら水けをしっかりと絞る。

2　ソーセージは熱湯で4分ほどゆでてざるに上げ、水けをきる。

3　ボウルにAを入れて混ぜ、白菜を加えてあえ、10分ほどおいて味をなじませる。器に盛り、ソーセージを添える。

※好みで粒マスタードを添えてもおいしい。

白菜とじゃこのペペロンチーノ風サラダ

[材料]
白菜 … 葉3枚（300g）
ちりめんじゃこ … 30g
にんにく … 2かけ
赤唐辛子 … ½本
塩 … 小さじ⅓
オリーブオイル … 大さじ3

1　白菜は縦半分に切ってからせん切りにする。にんにくは薄切りにする。

2　フライパンにオリーブオイル、にんにく、赤唐辛子を入れて弱火で熱し、香りが立ってにんにくがカリッとしたら、油ごと耐熱ボウルに取り出す。

3　同じフライパンにちりめんじゃこを入れて塩をふり、弱火で2〜3分炒める。

4　2のボウルに白菜とちりめんじゃこを加え、やさしくあえる。

白菜とベーコンのとろとろスープ

[材料]

白菜…葉2枚（200g）

ベーコン…2枚

A 水…300㎖

└ 洋風スープの素（固形）…¼個

└ 塩…少々

塩…適量

粗びき黒こしょう…適量

1 白菜は縦半分に切ってからせん切りにする。ベーコンは幅1cmに切る。

2 鍋にAと1を入れ、ふたをして中火で煮立て、弱火にして10分ほど煮る。塩で味を調えて器に盛り、粗びき黒こしょうをふる。

白菜と豚バラの重ね煮スープ

[材料]

白菜…葉2枚（200g）

豚バラ薄切り肉…100g

A 酒…大さじ1

　片栗粉…小さじ2

　塩…小さじ¼

B 水…400㎖

　酒…大さじ2

　鶏がらスープの素（顆粒）…小さじ1

　しょうゆ…小さじ½

ごま油…小さじ1

1 白菜は長さ4㎝に切る。豚肉は長さ3㎝に切り、Aをからめる。

2 鍋に白菜の⅓量、豚肉の½量の順に重ねる。これをもう一度くり返し、残りの白菜をのせ、Bを加える。中火で煮立ててあくを取り、ふたをして弱火で20分ほど煮て、ごま油を加える。

パプリカ

パプリカのゆずこしょうマリネ

[材料]

パプリカ (赤) … 1個 (150g)

玉ねぎ … 1/3個

A オリーブオイル … 大さじ2
　酢 … 大さじ1
　ゆずこしょう … 小さじ1/2
　砂糖 … 小さじ1/2
　塩 … 小さじ1/3

1　パプリカは縦半分に切ってから縦に幅2mmに切る。玉ねぎは薄切りにし、水に10分ほどさらして水けをしっかりときる。

2　ボウルにAを入れて混ぜ、1を加えてあえる。

※ツナを加えてもおいしい。

パプリカのはちみつレモンマリネ

[材料]

パプリカ (赤・黄) … 各1個 (各150g)

A しょうが (すりおろし) … 1かけ分
　レモン果汁 … 大さじ2
　はちみつ … 大さじ1
　塩 … 1つまみ

1　魚焼きグリルでパプリカを表面が真っ黒になるまで強火で焼く。ボウルに移し、ラップをして蒸らしながら粗熱をとる。皮をむき、縦半分に切ってから縦に幅2cmに切る。

2　ボウルにAを入れて混ぜ、パプリカを加えてあえる。

※パプリカは200℃に予熱したオーブンに入れ、途中で2〜3回返しながら30分ほど焼いてもよい。

パプリカと牛肉の韓国風スープ

[材料]

パプリカ（赤）…1個（150g）

牛こま切れ肉（または牛ひき肉）
　　…100g

にんにく…1かけ

しょうが…½かけ

白いりごま…適量

A 塩…小さじ⅓
　└ 砂糖…小さじ¼

B 水…400㎖
　├ しょうゆ…大さじ2
　├ 酒…大さじ1
　└ みりん…大さじ1

ごま油…小さじ2

1　パプリカは縦半分に切ってから縦に幅5㎜に切る。牛肉にAをまぶす。にんにくとしょうがはみじん切りにする。

2　鍋にごま油、にんにく、しょうがを入れて弱火で熱し、香りが立ったら牛肉とパプリカを加えて中火で炒める。

3　牛肉の色が変わったらBを加え、ひと煮立ちさせる。あくを取り、弱火で3分ほど煮て器に盛り、いりごまをふる。

※好みで糸唐辛子やコチュジャンをのせてもおいしい。

~~~~~~~~~~

パプリカ　旬 6〜8月

大型のピーマンが熟したもので、黄、オレンジ、赤などがあり、成熟度によって色が異なる。味は大きく変わらないので好みで選んでよい。β-カロテンとビタミンCの含有量が高く、がん予防や免疫力アップにぴったり。種は取り除いて使用する。

ピーマン

せん切りピーマンと夏の薬味サラダ

[材料]

ピーマン…3個
みょうが…3個
青じそ…5枚
A 白いりごま…大さじ1
　ごま油…大さじ1
　酢…大さじ1
　砂糖…小さじ½
　塩…小さじ¼

1 ピーマンは縦半分に切ってから横に幅2mmに切る。みょうがと青じそはせん切りにする。すべてを合わせて水に10分ほどさらし、水けをしっかりときる。

2 ボウルにAを入れて混ぜ、1を加えてやさしくあえる。

まるごとピーマンのグリル

[材料]

ピーマン…4個
A 昆布のだし汁（または水）
　…大さじ2
　塩…1つまみ
しょうゆ…小さじ1
オリーブオイル…大さじ1

1 フライパンにオリーブオイルとピーマンを入れ、ときどき返しながら中火で焼く。表面に焼き色がついたらAを加えてふたをし、弱火で15分ほど蒸し煮にする。

2 ピーマンがくたくたになったらふたを取り、強火にして水分を飛ばし、しょうゆを回しかける。

ピーマンと豚肉のスープ

[材料]

ピーマン…2個
豚バラ薄切り肉（または豚ひき肉）
　　…80g
A 水…400mℓ
└ 昆布…5cm四方1枚
B しょうゆ…小さじ1
└ 塩…小さじ¼

1 ピーマンは縦半分に切ってから横に幅3mmに切る。豚肉は幅1cmに切る。

2 鍋にAを入れて弱火で熱し、煮立つ直前に昆布を取り出す。1とBを加えて中火にし、煮立ったらあくを取り、ふたをして弱火で3分ほど煮る。

ピーマン 旬 6〜8月

実は唐辛子の仲間。水けに弱いので、水けをよく拭いてからポリ袋などに入れて冷蔵室で保存する。種ごと食べる場合は、じっくり加熱するのがおすすめ。

ブロッコリー

108

ブロッコリーとゆで卵のサラダ

[材料]

ブロッコリー … ½株 (150g)
ゆで卵 … 2個
A パセリ(みじん切り) … 3房分
  マヨネーズ … 大さじ3
  牛乳 … 大さじ1
塩 … 適量

1 ブロッコリーは小房に分け、塩1つまみ（分量外）を入れた熱湯で2分ほどゆで、ざるに上げて水けをきる。ゆで卵は4等分に切る。

2 ボウルにAを入れて混ぜ、1を加えてあえ、塩で味を調える。

※パセリの代わりにディルでもおいしい。

ブロッコリーのわさび白あえ

[材料]

ブロッコリー … ½株 (150g)
絹ごし豆腐 … ½丁 (200g)
A 白すりごま … 大さじ1
  練りわさび … 小さじ1
  塩 … 小さじ¼
  砂糖 … 1つまみ

1 豆腐はペーパータオルで包んでざるにのせ、皿などをのせて重しをし、1時間ほどおいて水きりをする。

2 ブロッコリーは小房に分け、塩1つまみ（分量外）を入れた熱湯で2分ほどゆで、ざるに上げて水けをきる。

3 ボウルに豆腐を入れ、ゴムべらでなめらかになるまでつぶす。Aを加えてよく混ぜ、ブロッコリーを加えてあえる。

※練りわさびは半量のゆずこしょうで代用可。白すりごまの代わりに同量の白練りごまで作ってもおいしい。

ブロッコリーと厚揚げのホットサラダ

[材料]

ブロッコリー … ½株 (150g)
厚揚げ … ½枚 (140g)
しょうゆ … 小さじ1
塩 … 2つまみ
オリーブオイル … 大さじ2

1 ブロッコリーは小房に分け、塩1つまみ（分量外）を入れた熱湯で1分30秒ほどゆで、ざるに上げて水けをきる。厚揚げはひと口大に切る。

2 フライパンの半分に厚揚げを入れる。残り半分にオリーブオイルとブロッコリーを入れ、塩をふる。それぞれの表面に焼き色がつくまで中火で焼き、しょうゆを全体に回し入れる。

※厚揚げの代わりにベーコンやソーセージでもOK。

ブロッコリー 旬 11〜3月

がん抑制効果が高い、β-カロテンやスルフォラファンなどが豊富。虫や残留農薬などが気になる場合は、小房に分けたあと水に15分ほどさらすとよい。茎は皮を厚めにむけば食べられる。

くずしブロッコリーのスープ

[材料]

ブロッコリー … ½株 (150g)

A 片栗粉 … 大さじ1
└ 水 … 大さじ1

B 水 … 400㎖
　 酒 … 大さじ1
　 鶏がらスープの素 (顆粒)
　　　 … 小さじ1
└ 塩 … 小さじ½

ごま油 … 小さじ1

1 ブロッコリーは小房に分ける。A
　は溶き混ぜる。

2 鍋にBとブロッコリーを入れて中
　火で煮立て、ふたをして弱火で15
　分ほど煮る。

3 木べらでブロッコリーを粗くくずす。
　Aをもう一度混ぜてから加えてひ
　と煮立ちさせ、とろみがついたらご
　ま油を回し入れる。

※Bにせん切りにしたしょうが½かけ分を
加えたり、最後に溶き卵1個分を流し入れ
たりしてもよい。

ブロッコリーとたらのスープ

[材料]
ブロッコリー … ½株 (150g)
生だら (切り身) … 1切れ
玉ねぎ … ¼個
にんにく … ½かけ
A 水 … 400㎖
└ 塩 … 小さじ¼
塩 … 2つまみ＋適量
オリーブオイル … 大さじ1

1 ブロッコリーは小房に分ける。たらの両面に塩2つまみをふり、10分ほどおいて水けを拭き取り、4等分に切る。玉ねぎは薄切りにする。にんにくはつぶす。

2 鍋にオリーブオイルとにんにくを入れて弱火で熱し、香りが立ったら玉ねぎを加えて炒める。

3 玉ねぎがしんなりとしたらA、たら、ブロッコリーを加えて中火にする。煮立ったらふたをして弱火で10分ほど煮、塩適量で味を調える。

ほうれん草

ほうれん草とハムのサラダ

[材料]

ほうれん草…1束（250g）

ハム…3枚

A マヨネーズ…大さじ1

　ごま油…小さじ1

　レモン果汁（または酢）…小さじ1

　しょうゆ…小さじ1

　砂糖…小さじ1

1　ほうれん草は塩少々（分量外）を入れた熱湯で1分ほどゆでて水にとって冷まし、水けをしっかりと絞って長さ3cmに切る。ハムは半分に切ってから幅3mmに切る。

2　ボウルにAを入れて混ぜ、1を加えてあえる。

ほうれん草と油揚げのみぞれサラダ

[材料]

ほうれん草…小½束（100g）

大根…3cm（100g）

油揚げ…½枚

A オリーブオイル…大さじ1

　しょうゆ…大さじ1

　レモン果汁…小さじ1

1　ほうれん草は塩少々（分量外）を入れた熱湯で1分ほどゆでて水にとって冷まし、水けをしっかりと絞って長さ3cmに切る。大根はすりおろしてざるに上げ、軽く汁けをきる。

2　フライパンに油揚げを入れ、両面に薄く焼き色がつくまで中火で焼く。縦半分に切ってから幅5mmに切る。

3　ボウルにAを入れて混ぜ、1と油揚げを加えてあえる。

ほうれん草と鮭のみそバタースープ

[材料]

ほうれん草 … ½束 (125g)
生鮭 (切り身) … 1切れ
玉ねぎ … ¼個
だし汁 … 400㎖
みそ … 大さじ1と½
塩 … 2つまみ
粗びき黒こしょう … 適量
バター … 10g

1 鮭の両面に塩をふり、10分ほどおいて水けを拭き取り、4等分に切る。ほうれん草は長さ3㎝に切る。玉ねぎは薄切りにする。

2 鍋にだし汁、鮭、玉ねぎを入れて中火で煮立て、ふたをして弱火で3分ほど煮る。ほうれん草を加え、再びふたをして2分ほど煮る。

3 火を止め、みそを加えて溶き、バターを加える。器に盛り、粗びき黒こしょうをふる。

※みそは味をみて量を調節する。

ほうれん草 旬 12～1月

貧血予防に役立つ鉄分、造血作用のある葉酸、抗酸化作用のあるβ-カロテン、かぜ予防になるビタミンCなど、栄養バランスのよい野菜。生で食べられるあくの少ないサラダ用もあるが、ここでは普通のものを使用しているので、火を通す。

水菜

水菜の生ハム巻き

[材料]
水菜…100g
生ハム…6枚（60g）
A レモン果汁…大さじ1
└ オリーブオイル…適量

1 水菜は長さ10㎝に切る。

2 生ハムに水菜を等分にのせて
巻き、器に盛ってAをかける。

水菜と黒ごまの香り油サラダ

[材料]
水菜…100g
A 黒いりごま…小さじ2
└ しょうゆ…小さじ1
ごま油（またはオリーブオイル）
…大さじ1と½

1 水菜は長さ3㎝に切る。

2 耐熱ボウルにAを入れて混ぜ、
水菜を加えてあえる。

3 小さめのフライパンにごま油を
弱火で熱し、かすかに煙が立っ
たら2のボウルに加えてあえる。

※オイルは好みで選んで。オリーブオイ
ルの場合は香り豊かなものを。

水菜と塩昆布の即席スープ

[材料]

水菜…50g
塩昆布…6g
熱湯…300㎖
塩…小さじ¼

1 水菜は長さ1㎝に切る。
2 2つの器に水菜、塩昆布、塩を等分に入れ、熱湯を150㎖ずつ注ぐ。

水菜 　旬 11〜2月
古くから京都で栽培されていたため、関東では「京菜」と呼ぶことも。あくが少なく、肉や魚の臭みを消す効果がある。しゃきしゃきとした歯ごたえが特徴なので加熱する場合はさっとでOK。

もやし

もやしと鶏胸肉のごまサラダ

[材料]

もやし…1袋（200g）

鶏胸肉（皮なし）…½枚（100g）

細ねぎ…3本

A 酒…大さじ½
└ 塩…1つまみ

B にんにく（すりおろし）…½かけ分
├ 白いりごま…大さじ1
├ ごま油…大さじ1
└ 塩…小さじ¼

1 耐熱皿に鶏肉をのせ、Aをふって全体にまぶす。ふんわりとラップをして電子レンジで3分ほど加熱し、そのままおく。粗熱がとれたら食べやすい大きさに裂く。

2 別の耐熱皿にもやしをのせ、ふんわりとラップをして電子レンジで2分ほど加熱し、水けをきる。細ねぎは小口切りにする。

3 ボウルにBを入れて混ぜ、鶏肉と2を加えてあえる。

もやしのピリ辛ナムル

[材料]

もやし…1袋（200g）

A 白いりごま…小さじ2
├ ごま油…小さじ2
├ 塩…小さじ⅓
└ 一味唐辛子…少々

1 もやしは熱湯で1分ほどゆでてざるに上げ、水けをしっかりときる。

2 ボウルにAを入れて混ぜ、もやしを加えてあえる。

※一味唐辛子の量は好みで調節する。

豆もやしの豆乳スープ

[材料]

豆もやし … ½袋 (100g)

A 水 … 200㎖

しょうが (すりおろし) … 小さじ1

みそ … 大さじ1

酒 … 大さじ½

みりん … 大さじ½

しょうゆ … 小さじ1

鶏がらスープの素 (顆粒)

　… 小さじ½

B 豆乳 (成分無調整) … 150㎖

白すりごま … 大さじ2

好みでラー油 … 適量

1 鍋にAを入れて中火で煮立て、豆もやしを加えて弱火で3分ほど煮る。

2 Bを加えて温め、器に盛ってラー油をかける。

※普通のもやしで作ってもOK。

~~~~~~

もやし 旬 通年

リーズナブルで低カロリー。最も多く流通しているもやしは緑豆を、豆もやしは大豆を発芽させて作る。ブラックマッペから作るもやしもある。余裕があればひげ根は取ったほうが食感はよくなるが、無理は無用。

シーザーサラダ

[材料]

レタス … 小1個（250g）

ベーコン … 3枚

温泉卵 … 1個

A にんにく（すりおろし）… 小さじ1/2

　マヨネーズ … 大さじ3

　牛乳 … 大さじ2

　粉チーズ … 大さじ2

　レモン果汁（または酢）… 小さじ1

　塩 … 少々

　粗びき黒こしょう … 少々

粗びき黒こしょう … 適量

1　レタスは食べやすい大きさにちぎって冷水に5分ほどさらし、水けをしっかりときる。ベーコンは幅1cmに切る。Aは混ぜ合わせる。

2　フライパンにベーコンを入れ、弱火でカリカリになるまで焼く。

3　器にレタスを盛り、ベーコンを散らす。Aをかけ、温泉卵を割り落として粗びき黒こしょうをふる。

※温泉卵の代わりに、冷蔵室から出したての卵を熱湯で6分ほどゆでたゆるめの半熟卵でも。

レタスとレモンのサラダ

[材料]

レタス … 小1個（250g）

レモン … 1/2個

A 白いりごま … 小さじ2

　ごま油 … 小さじ2

　砂糖 … 小さじ1

　塩 … 小さじ1/2

1　レタスは食べやすい大きさにちぎって冷水に5分ほどさらし、水けをしっかりときる。

2　ボウルにAを入れ、レモンの果汁を絞り、残った皮もそのまま加えて混ぜる。レタスを加えてあえる。

※レモンの残った皮も加えて香りづけに。レモンがない場合はレモン果汁大さじ1でも構わない。白いりごまを軽く炒ったクミンシード小さじ1にするとエスニック風の味になる。

レタスのラープ風サラダ

[材料]

レタス … 小1個（250g）

レモン（くし形切り）… 1切れ

A 豚ひき肉 … 150g

　にんにく（みじん切り）… 1かけ分

　赤唐辛子 … 1/2本

　酒 … 大さじ2

　水 … 大さじ2

B ナンプラー … 大さじ1

　レモン果汁 … 大さじ1

　塩 … 2つまみ

ごま油 … 小さじ2

1　レタスは食べやすい大きさにちぎってざるにのせ、熱湯を回しかけて水けをしっかりときる。

2　鍋にAを入れて中火で煮立て、弱火にして混ぜながら3分ほど煮る。火を止め、Bを加えて混ぜる。

3　器にレタスを盛り、2、ごま油の順にかけてレモンを添える。

※ラープはタイの料理。

レタス　旬 4〜8月

残留農薬が気になる場合は外側の葉1枚をはがして使う。生のしゃきしゃき感を強調したいのなら、冷水にさらしてから調理する。スープにするときは食感が残るよう、さっと火を通す程度で。

レタスのそばサラダ

[材料]

レタス … 1/3個 (100g)
そば (乾麺) … 70g
細ねぎ … 5本
青じそ … 5枚
A 白いりごま … 大さじ1
├ ごま油 … 大さじ2
├ 酢 … 大さじ2
└ しょうゆ … 大さじ2
みりん … 大さじ2

1 鍋にたっぷりの湯を沸かし、そばを表示時間通りにゆでる。ざるに上げ、冷水にとって冷やし、水けをしっかりときる。

2 レタスは細切りにする。細ねぎは小口切りにする。青じそはせん切りにする。すべてをふんわりと混ぜ合わせる。

3 大きめの耐熱ボウルにみりんを入れ、ラップをせずに電子レンジで30秒ほど加熱する。Aを加えて混ぜ、そばを加えて混ぜる。2を加え、やさしくあえる。

※レタスの代わりにリーフレタスや春菊、サラダほうれん草などで作っても。そばをパスタにしても構わない。

ちぎりレタスと春雨の中華風スープ

[材料]

レタス … 1/3 個（100g）

春雨 … 20g

A 水 … 400mℓ
　┌ しょうが（せん切り）… 1/2 かけ分
　│ 鶏がらスープの素（顆粒）
　│ 　… 小さじ1
　└ 塩 … 1つまみ

塩 … 適量

ごま油 … 小さじ1

1 春雨はキッチンばさみで食べやすい長さに切る。

2 鍋にAを入れて中火で煮立て、春雨を加えてふたをし、弱火で3〜4分煮る。レタスを食べやすい大きさにちぎりながら加えてさっと煮、塩で味を調える。

3 器に盛り、ごま油をかける。

れんこんの明太マヨサラダ

[材料]

れんこん…150g
辛子明太子…¼はら（25g）
A 白すりごま…小さじ2
 マヨネーズ…大さじ3
 しょうゆ…小さじ½

1 れんこんは厚さ3mmのいちょう切り
 にして酢水（分量外）に5分ほど
 さらし、さらに熱湯で1分ほどゆで
 てざるに上げ、粗熱をとる。明太
 子は中身をしごき出す。

2 ボウルにAと明太子を入れて混
 ぜ、れんこんを加えてあえる。

れんこん　　旬 11〜3月

皮はピーラーなどで縦方向に薄くむく。酢水にさらすことで変色が防げる。便通を整える食物繊維、胃腸
トラブルをやわらげるタンニン、抗ストレス作用のあるビタミンCなどが多く含まれている。

れんこんの酸辣湯

[材料]

れんこん…100g
豚バラ薄切り肉…50g
卵…1個
なめこ…1袋（100g）
A 片栗粉…小さじ2
└ 水…大さじ1
B 水…400ml
酒…小さじ2
鶏がらスープの素（顆粒）…小さじ1
しょうゆ…小さじ1
塩…小さじ¼
C 黒酢（または酢）…大さじ1
ごま油…小さじ1
└ 粗びき黒こしょう…適量
ラー油…適量

1 れんこんは厚さ5mmのいちょう切りにし、酢水（分量外）に5分ほどさらして水けをきる。豚肉は幅1cmに切る。卵は溶きほぐす。なめこはざるに入れ、さっと洗って水けをきる。Aは溶き混ぜる。

2 鍋にB、れんこん、豚肉、なめこを入れて中火で煮立て、あくを取り、ふたをして弱火で5分ほど煮る。Aをもう一度混ぜてから加え、ひと煮立ちさせてとろみをつける。

3 溶き卵を流し入れ、Cを加えてさっと煮る。器に盛り、ラー油をかける。
※なめこの代わりにしめじやえのきたけを使用してもよい。

ミックスビーンズのイタリアンサラダ

[材料]

ミックスビーンズ（ドライパック）
　…100g
玉ねぎ … ¼個
パセリ（みじん切り）… 大さじ1
A オリーブオイル … 大さじ1
　酢 … 大さじ1
　塩 … 小さじ¼

1 玉ねぎは粗みじん切りにして水に10分ほどさらし、水けをしっかりと絞る。

2 ボウルにAを入れて混ぜ、ミックスビーンズ、玉ねぎ、パセリを加えてあえる。

※アボカドやトマトを加えても相性がよい。パセリの代わりにイタリアンパセリやディル、バジルでもOK。

ミックスビーンズと
パスタのスープ

[材料]

ミックスビーンズ (ドライパック)
　…100g

玉ねぎ … 1/4個

セロリ … 1/2本

ショートパスタ
　(ペンネやマカロニなど) … 40g

A 水 … 400ml
└ 洋風スープの素 (固形) … 1/2個

塩 … 小さじ1/3

オリーブオイル
　… 大さじ2+ 小さじ2

1　玉ねぎとセロリはみじん切りにする。

2　鍋にオリーブオイル大さじ2と1を
　入れて塩をふり、弱火で3〜4分
　炒める。

3　しんなりとしたらA、ミックスビーン
　ズ、ショートパスタを加えて中火で
　煮立て、ふたをして弱火でショート
　パスタの表示時間通りに煮る。器
　に盛り、オリーブオイル小さじ2を
　かける。

切り干し大根のサラダ

[材料]

切り干し大根…20g
玉ねぎ…¼個
水菜…20g
A 酢…大さじ1
└ しょうゆ…小さじ1
B オリーブオイル…大さじ1と½
└ 粒マスタード…小さじ1
塩…適量

1 切り干し大根は熱湯で30秒ほどゆでてざるに上げ、水けをきる。食べやすい長さに切ってAをからめ、粗熱をとる。

2 玉ねぎは薄切りにし、水に10分ほどさらして水けをしっかりときる。水菜は長さ3㎝に切る。

3 ボウルにBを入れて混ぜ、切り干し大根と2を加えてあえ、塩で味を調える。

切り干し大根の台湾風スープ

[材料]

切り干し大根 … 7g

細ねぎ（小口切り）… 適量

A 豆乳（成分無調整）… 400㎖
└ 昆布 … 3cm四方1枚

B 味つきザーサイ（みじん切り）
│   … 15g
│ 黒酢（または酢）… 大さじ1
│ しょうゆ … 小さじ1と½
└ 砂糖 … 小さじ¼

ラー油 … 適量

1 鍋にAを入れ、30分ほどおく。切り干し大根はたっぷりの水に10分ほどつけて戻し、水けを絞って食べやすい長さに切る。Bは混ぜ合わせる。

2 2つの器に切り干し大根とBを等分に入れる。

3 1の鍋を弱火で熱し、煮立ちそうになったら2の器に等分に注ぐ。細ねぎを散らし、ラー油をかける。

※台湾の定番朝ごはん、鹹豆漿（シェンドウジャン）を簡単にアレンジ。トッピングは桜えびや香菜、焼いた麸など、好みでOK。

料理 河井美歩

徳島生まれ。京都製菓製パン技術専門学校卒。ABC
クッキングスタジオで講師、人材育成、商品企画・開発
等を担当したのち独立。2009年、茨城県つくば市に
て料理教室をスタート。旬の野菜を生かしたイタリア料
理やエスニック料理、製パンを得意とし、華やかなだけ
でなく、おいしさと手軽さを両立させたレシピに定評が
ある。著書に『なんでも、漬けもの。』『秘密の型なしパイ』
（ともに主婦と生活社）、『はじめてのおいしいフォカッ
チャ』（主婦の友社）。
https://www.kawaimiho.com

調理補助　土田絵里子、日景千絵子、横瀬千里
撮影　公文美和
スタイリング　来住昌美
デザイン　高橋朱里、菅谷真理子（マルサンカク）
文　佐藤友恵
校閲　安藤尚子、泉敏子
編集　小田真一

撮影協力
UTUWA
http://www.awabees.com

混ぜるだけサラダと
さっと煮るだけスープ

著　者　河井美歩
編集人　小田真一
発行人　倉次辰男
発行所　株式会社主婦と生活社
　　　　〒104-8357 東京都中央区京橋 3-5-7
　　　　［編集部］☎ 03-3563-5321
　　　　［販売部］☎ 03-3563-5121
　　　　［生産部］☎ 03-3563-5125
　　　　https://www.shufu.co.jp
製版所　東京カラーフォト・プロセス株式会社
印刷所　共同印刷株式会社
製本所　株式会社若林製本工場

ISBN978-4-391-15451-1

読者アンケートに
ご協力ください

この度はお買い上げいただきありがとうございま
した。『混ぜるだけサラダとさっと煮るだけスー
プ』はいかがだったでしょうか？　右上のQR
コードからアンケートにお答えいただけると幸い
です。今後のより良い本作りに活用させていただ
きます。所要時間は5分ほどです。

＊このアンケートは編集作業の参考にするもので、ほかの
目的では使用しません。詳しくは当社のプライバシーポリ
シー（https://www.shufu.co.jp/privacy）をご覧ください。